サイバー攻撃の国際法

タリン・マニュアル2.0の解説

増補版

中谷和弘・河野桂子・黒﨑将広

信山社
SHINZANSHA

はしがき

本書は，2017年2月にCambridge University Pressから刊行された「サイバー行動に適用される国際法に関するタリン・マニュアル2.0」(*Tallinn Manual 2.0 on the International Law Applicable to Cyber Operations*) を独自に要約することを通じて，サイバー攻撃に関する国際法をわかりやすく解説したものである．

サイバー攻撃は現代の国際社会が抱える極めて深刻な問題である．とりわけ重要インフラに対して大規模なサイバー攻撃がなされる場合には，国家機能が麻痺したり，武力攻撃に比肩しうるほどの多大の人損・物損が生じたりしかねない．それでは，サイバー攻撃に関する国際法のルールはどうなっているのであろうか．

2007年に大規模なサイバー攻撃を受けて国家機能が麻痺してしまうという危機を経験したエストニアにおいては，翌2008年に以前から計画されていたNATOサイバー防衛センター (Cooperative Cyber Defence Centre of Excellence, CCD COE) が首都タリンに設立された．同センターは，専門家が個人的資格で集ってサイバー攻撃に関する国際法ルールを条文の形で記述し解説を付すという作業を支援してきた．これが，タリン・マニュアル (Tallinn Manual) である．

タリン・マニュアルの作業は，米国海軍大学校のMichael Schmitt教授を中心として進められ，まず2013年には，95の規則からなる「サイバー戦に適用される国際法に関するタリン・マニュアル」(*Tallinn Manual on the International Law Applicable to Cyber Warfare*) がCambridge University Pressから刊行された (便宜上，タリン・マニュアル1.0と呼ぶ)．タリン・マニュアル1.0は，第1部「国際サイバー安全保障法」，第2部「サイバー武力紛争法」である．

タリン・マニュアル1.0が「有事 (戦時)」を対象としたものであったのに対して，その後，「平時」におけるサイバー活動が諸分野の国際法の観点からどう評価されるかという新たな作業 (タリン・マニュアル2.0) がなされた．その成果が，2017年2月にCambridge University Pressから刊行された「サイバー行動に適用される国際法に関するタリン・マニュアル2.0」(*Tallinn Manual 2.0 on the International Law Applicable to Cyber Operations*) である．

タリン・マニュアル2.0は，全154の規則とコメンタリーからなり，第1部

「一般国際法とサイバー空間」(主権，相当の注意，管轄権，国家責任法，それ自体は国際法によって規律されないサイバー行動)，第2部「国際法の特別の体制とサイバー空間」(国際人権法，外交及び領事法，海洋法，航空法，宇宙法，国際電気通信法)，第3部「国際の平和及び安全とサイバー活動」(平和的解決，干渉の禁止，武力の行使，集団的安全保障)，第4部「サイバー武力紛争法」(武力紛争法一般，敵対行為の遂行，特定の人，物及び活動，占領，中立）からなる．第3部の一部と第4部はタリン・マニュアル1.0をほぼそのまま取り入れている．

私自身は，タリン・マニュアル1.0の作業には関与していないが，タリン・マニュアル2.0の作業に法律専門家（legal experts）の一員として参加した．1.0及び2.0の双方の中心メンバーである旧知のTerry Gill教授（アムステルダム大学，オランダ国防大学校）を通じてSchmitt教授から参加のお誘いがあった次第である．1.0と2.0のメンバーは大半が異なり，2.0の法律専門家は17名，主に欧米の国際法教授であるが，アジアからはタイの外交官と中国の教授と私が加わった．2.0の検討会合は，2015年6－7月，10月，2016年3月に各1週間，タリンのSwissotelの会議室（Tartu Room，裏表紙の写真参照）において行われた．事前にドラフトが用意され（作成者は匿名)，割当を決めて会合前に必要に応じてコメント及び加筆修正を行い，会合では条文にあたるblack letter ruleとコメンタリーの双方について一言一句検討し，加筆・修正・削除するという作業を行った．実際に挙手でvoteして，majority，minorityを決めて行った．コメンタリーの多くの箇所では，両論併記の形をとり，「意見は一致できなかった」，「多数意見では」「少数意見では」といった表現振りになっている．私にとっては，単にサイバー活動に関して国際法及びそれ以外の観点から様々な知見を得るだけでなく，サイバーという観点から国際法全体を見直すという貴重な経験を得ることができた．

Cambridge University Pressから刊行された*Tallinn Manual 2.0*は，598頁からなる大著である上，相当複雑な議論もなされている．コンパクトな形でタリン・マニュアル2.0を解説することによってサイバー攻撃に関する国際法をわかりやすく一般の方々にお示ししたいと考え，サイバー・セキュリティー法の研究会でご一緒している河野桂子さんと黒﨑将広さんに，また信山社にも本書の提案をした所，皆さん快諾して下さった．勿論，Schmitt教授及びCambridge University Pressからは本書の刊行について快諾を頂いている．

本書の執筆担当は，第1部が河野，第2部が中谷，第3部が黒﨑，第4部が河野と黒﨑である．執筆にあたっては，具体的なサイバー事案の分析に関わる箇所を優先的に記述するよう努めた．

タリン・マニュアルは，サイバー攻撃に関する国際法を「作成」するものではない．既に慣習国際法（一般国際法）が存在するという前提の下に，それを「確認」して「記述」するという作業である．また，タリン・マニュアルは少数の専門家による考え方の集積にすぎないが，類似のものが存在しない以上，国際社会において既に一定の権威を有しているようである．無論，タリン・マニュアルは万能のものではなく，例えば，事実認定や証拠法理といった手続ルールは含まれておらず，また，信頼醸成措置や緊急時対応についてのモデル・ルールも示していない．諸政府がタリン・マニュアルを１つの参考として関連ルールの作成や解釈・適用をすすめてもらいたいというのが，作成に関与した私の希望である．

本書の刊行に際しては公益財団法人 KDDI 財団から著書出版助成を賜った．心より厚く御礼申し上げる．また，東京大学大学院法学政治学研究科博士課程の岡田淳氏には，校正刷をチェックしてもらい，信山社の袖山貴社長，稲葉文子氏，今井守氏，高畠健一氏には，全面的にお世話になった．厚く御礼申し上げたい．

2017 年 12 月

共著者を代表して

中谷和弘

増補版に際して

本書は幸いにも多くの読者を得てこのたび増版できることとなった．今回は，タリン・マニュアルを概観して頂くために，情報処理学会の学会誌である『情報処理』61 巻 7 号（2020 年）所収の拙稿「タリン・マニュアルについて――サイバー攻撃に関する国際法」を同学会の許可を得て本書の冒頭に掲載することにした（一部割愛した箇所がある）．読者の便宜になれば幸いである．

2023 年 4 月

共著者を代表して

中谷和弘

目　次

◈第4部◈ サイバー武力紛争法

サイバー攻撃の国際法

― タリン・マニュアル2.0の解説 ―

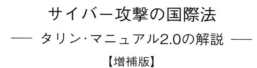

【増補版】

タリン・マニュアルについて
―― サイバー攻撃に関する国際法 ――

中谷和弘

本稿においては，サイバー攻撃に関する国際法のルールを包括的に記述したタリン・マニュアルについて説明する．まず，タリン・マニュアルとは何かを述べた上で，タリン・マニュアルの主な内容について概観する．最後に，タリン・マニュアル以降の国際法上の諸課題について触れることにしたい．

◈ タリン・マニュアルとは

タリン・マニュアルとは，エストニアの首都のタリンにある北大西洋条約機構（NATO）のサイバー防衛協力センター（Cooperative Cyber Defence Centre of Excellence, CCDCOE）に法律専門家が個人的資格で集まって，サイバー攻撃に関する国際法のルールをコメンタリとともに記述したものである．この作業は，米国海軍大学校の Michael Schmitt 教授を中心にすすめられ，まず 95 の規則とコメンタリからなる「サイバー戦に適用される国際法に関するタリン・マニュアル」（Tallinn Manual on the International law Applicable to Cyber Warfare）がまとめられ，2013 年 4 月に Cambridge University Press から刊行された．後にタリン・マニュアル 1.0 と呼ばれるようになったこのマニュアルは，第 1 部「国際サイバー安全保障法」および第 2 部「サイバー武力紛争法」からなり，これらは「有事・戦時」を対象にしたものである．その後，さらに「平時」におけるルールにつき検討がなされ，『サイバー行動に適用される国際法に関するタリン・マニュアル2.0』（Tallinn Manual 2.0 on the International Law Applicable to Cyber Operations）がまとめられ，2017 年 2 月に同じく Cambridge University Press から刊行された．

タリン・マニュアル 2.0 は 154 の規則とコメンタリからなり，第 1 部「一般国際法とサイバー空間」，第 2 部「国際法の特別の体制とサイバー空間」，第 3 部「国際の平和及び安全とサイバー活動」，第 4 部「サイバー武力紛争法」から構成されている．第3部の一部と第4部はタリン・マニュアル1.0をほぼそのまま取り入れている．

タリン・マニュアルは，サイバー攻撃に関する国際法ルールを「作成」したり「提案」したりするものではない．既存の慣習国際法（国際社会のすべての国家に等しく適用される不文法）がサイバー空間にも適用されるという前提（これは西側先進諸国を中心とする少なからぬ諸国家の基本的立場でもある）の下に，サイバー攻撃に適用される慣習国際法を明文化し，コメンタリとともに記述するという作業である．Pablo Picasso は “I do not seek, I find.” と言ったが，まさに慣習国際法を「発見」するという地味だが重要かつ容易ではない作業である．

◆ タリン・マニュアル2.0の主な内容

タリン・マニュアル2.0は，次の20項目から構成されている．

第1部「一般国際法とサイバー空間」（General International Law and Cyber space）は，1．主権（Sovereignty，規則1～5），2．相当の注意（Due Diligence，規則6～7），3．管轄権（Jurisdiction，規則8～13），4．国家責任法（Law of International Responsibility，規則14～31），5．それ自体は国際法によって規律されないサイバー行動（Cyber Operations not per se Regulated by International Law，規則32～33）からなる．第2部「国際法の特別の体制とサイバー空間」（Specialised Regimes of International law and Cyberspace）は，6．国際人権法（International Human Rights Law，規則34～38），7．外交及び領事法（Diplomatic and Consular Law，規則39～44），8．海洋法（Law of the Sea，規則45～54），9．航空法（Air Law，規則55～57），10．宇宙法（Space Law，規則58～60），11．国際電気通信法（International Telecommunication Law，規則61～64）かならなる．第3部「国際の平和及び安全とサイバー活動」（International Peaceand Securityand Cyber Activities）は，12．平和的解決（Peaceful Settlement，規則65），13．干渉の禁止（Prohibition of Intervention,規則66～67），14．武力の行使（Use of Force，規則68～75），15．集団的安全保障（Collective Security,規則76～79）からなる．第4部「サイバー武力紛争法」（The Law of Cyber Armed Conflict）は，16．武力紛争法一般（The Law of Armed Conflict Generally，規則80～85），17．敵対行為の遂行（Conduct of Hostilities，規則86～130），18．特定の人，物及び活動（Certain Persons, Objects, and Activities，規則131～145），19．占領（Occupation，規則146～149），20．中立（Neutrality，規則151～154）からなる．タリン・マニュアル2.0は，サイバー攻

撃が各分野の国際法ルールとの関連でどう位置づけられるかを包括的に検討した成果であり，サイバー攻撃という観点から国際法全般を鳥瞰するものとなっている．

ここでは，以下，タリン・マニュアル2.0の主な内容について概観することにしたい．

第1に，サイバー攻撃の定義について．規則92は，「サイバー攻撃とは，攻撃としてであるか防御としてであるかを問わず，人に対する傷害若しくは死，又は物に対する損害若しくは破壊を引き起こすことが合理的に予期されるサイバー行動である」と規定する．データへの攻撃を目的とするサイバー行動も，個人の死傷や物体の損壊・破壊をもたらすことが予見可能である場合にはサイバー攻撃となる．

第2に，主権侵害と干渉について．規則4は，「国家は，他国の主権を侵害するサイバー行動を行ってはならない」と規定する．領域外からのサイバー行動については，サイバー・インフラの物理的損害が発生した場合のみならず機能の喪失が生じた場合も主権侵害となる．政府機能の行使に必要なデータの改変・削除も主権侵害となる．干渉の禁止については，規則66は，「国家は，他国の国内又は対外事項に，サイバー手段による場合も含め，干渉してはならない」と規定する．ここで禁止される干渉とは国家が自己決定できる事項（国内管轄事項）に対して強制を伴う介入をすることである．

第3に，武力攻撃と自衛について．一定以上の「規模および効果」を有するサイバー攻撃は国際法上の「武力攻撃」に該当する．その場合には，武力攻撃を受けた国は個別的自衛権の発動が，その友好・同盟国は集団的自衛権の発動が可能となる．規則71は，「武力攻撃の水準に至るサイバー行動の目標となる国家は，固有の自衛権を行使することができる．サイバー行動が武力攻撃に該当するか否かは，その規模および効果による」と規定する．多数の人間を殺傷したり，財産に重大な損害・破壊をもたらすサイバー行動は，武力攻撃に必要な規模および効果を有する．自衛権の発動としての措置は，サイバー手段によるものと非サイバー手段によるものの双方が想定される．個別的自衛権の行使には，「必要性と均衡性」（規則72）および「急迫性と即時性」（規則73）の要件を満たす必要があり，集団的自衛権の行使にはさらに「被害国の要請」（規則74）の要件も満たす必要がある．なお，テロリスト等の非国家主体によるサイバー攻撃も武力攻撃の主体になり得るため，これに対して自衛権の行使が可能というのが，legal expertsの多数意見である．ただし，主権原則を規定する上記の規則4との関連で，自衛権が行使できるのは，非国家主体の所在地国の同意がある場合か，所在地国が武力攻撃に効果的に対応する意思または能力を欠いている場合に限られる．先制的自衛については，実行可能な最後の防衛の機会だと考えられる場合には認められるという見解が多数意見であった．

第4に，国際法上違法な（ただし武力攻撃には至らない程度の）サイバー攻撃に対しては，被害国は対抗措置（countermeasures）をとり得る．規則20は，「国家は，他国が自国に対して負う国際法上の義務違反への反応として，対抗措置（性質上サイバーであるか否かを問わない）をとる権限を有する」と規定する．対抗措置には，サイバー手段によるものも想定され得るが，現実には対抗措置の中心を成すのは経済的措置である．サイバー攻撃が発生した場合に被害国がとる反応で現実に採用かつ公表されているものは，サイバー手段による反撃ではなく，経済的な措置（特にサイバー攻撃に責任を有する個人や団体の金融資産の凍結）である．なお，外交上の措置（相手国の外交官・領事官の追放や大使館・領事館の閉鎖命令，自国の外交官・領事官の召喚や大使館・領事館の閉鎖など）も経済的措置と同様にサイバー攻撃への反応として発動されるが，こういった外交上の措置は非友好的であってもそれ自体裁量的にとり得る報復（retorsion）であって，対抗措置とは国際法上区別される．対抗措置が容認される（＝違法性が阻却される）ためには，均衡性（規則23）をはじめとする要件を満たす必要がある．規則24は，「被害国のみが対抗措置（性質上サイバーであるか否かを問わない）をとることができる」と規定する．対抗措置をとることができるのは国家のみであり，たとえばサイバー攻撃を受けた企業自らが対抗措置をとることはできない．また，直接の被害国以外の第三国が対抗措置をとることは通常はできない．

第5に，国家機関によるサイバー攻撃について．規則15は，「国家機関又は国内法によって統治権能の一部を行使する権限を付与された個人若しくは団体によってなされたサイバー行動は，当該国に帰属する」と規定する．法令や契約によって他国にサイバー攻撃を行う法的権限を付与された企業の行動も，国家に責任が帰属する．企業が権限を逸脱してハック・バックをした場合にも，その行為は国家に帰属する．なお，ゾンビ・コンピュータによるDDos攻撃のような場合もあるため，ある国家のサイバー・インフラからサイバー攻撃がなされたからという事実だけでは，当該国に責任が帰属するという証拠としては不十分である．

第6に，私人等の非国家主体によるサイバー攻撃について．規則17は，「非国家主体によってなされたサイバー行動は，次の場合に国家に帰属する．(a)その指示に従い又はその指揮若しくは命令下でなされた場合，又は(b)国家が当該活動を自己の活動として認め，かつ採用した場合」と規定する．非国家主体には，個人のハッカー，ハッカー集団，サイバー犯罪組織，IT関連企業，サイバー・テロリスト，反政府勢力等が含まれる．なお，(a)又は(b)に該当しない場合には，国家は私人によるサイバー攻撃に関して一切の責任を負わないわけではなく，次に見る相当の注意を欠いていた場合には，結果として責任を負うことになる．国際法の国家責任のルールに従い，私人によるサイバー攻撃に対しては，私人の本国や領域国には直接国家責任は帰属しないが，相当の注意義務を欠いたために損害が生じた場合には，相当の注意義務の不作為故に結果として当該国に国家責任が生じることになる．

第7に，相当の注意と経由国の責任について．規則6は，「国家は，自国の領域又は自国の政府の支配下にある領域若しくはサイバー・インフラが，他国の権利に影響を与え重大で有害な結果を生じるサイバー行動のために使用されることを許さないよう，相当の注意を払わなければならない」と規定する．

規則7は，「相当の注意義務は，他国の権利に影響を与え重大で有害な結果を生じるサイバー行動を終了させるために，国家が当該状況において実行可能なすべての措置をとることを要求する」と規定する．相当の注意義務の程度は，先進国と途上国では異なり得る．経由国の責任に関しては，規則6のコメンタリでは，A国に所在するハッカー集団がC国にあるサイバー施設を使ってB国に対するサイバー攻撃を実施したが，C国がそれを知りながらも攻撃を終了させるための実行可能な措置をとらなかった場合には，C国は相当の注意原則の違反になるとする．これに対して，たとえばデータが通過するだけの国家が相当の注意義務を負うかについては，サイバー行動を了知し，かつそれを終了させるため実行可能な措置をとれる場合には，相当の注意義務を負うが，通過国は一般には悪意あるトラフィックを了知し得ないので，相当の注意義務を負う場合は現実には例外的になると考えられる．

第8に，サイバー諜報（cyber espionage）について．「5．それ自体は国際法によって規律されないサイバー行動」は，サイバー諜報を念頭においている．規則32は，「国家による平時のサイバー諜報はそれ自体は国際法に違反しないが，それを遂行する方法は国際法違反となり得る」と規定する．諜報（スパイ行為）

一般は，国際法上，禁止はされていないが，各国の国内法で刑事罰を科すことは可能という独自の法的性質を有している．サイバー諜報についても基本的に同様であり，サイバー諜報それ自体は国際法違反とはいえないが，行動によってはたとえば干渉という国際法違反になることがある．

第9に，サイバー通信の停止について．規則62では，「(a)国家は，部分的又は完全に，自国領域内における国際サイバー通信業務を停止することができる．当該停止の即時の通知が他国に対してなされなければならない．(b)国家は，国内法令，公の秩序若しくは善良の風俗に反すると認められ，又は国家の安全にとって危険である私用のサイバー通信の伝達を停止することができる」と規定する．この規定は，国際電気通信連合（ITU）憲章35条及び34条2項に基づくものである．2011年のアラブの春のように反体制運動がSNSで広まった際に国家がサイバー通信を停止することは，国際電気通信法の下では国家の権利であるが，規則35「個人は，サイバー関連活動に関し，他で享受するのと同じ国際人権を有する」には違反する可能性があることに留意する必要がある．

第10に，軍事目標主義について．規則99は，「民用物はサイバー攻撃の対象とされてはならない．コンピュータ，コンピュータ・ネットワークおよびサイバー・インフラは，それらが軍事目標である場合にはサイバー攻撃の対象となる」と規定する．規則100は，「民用物は，軍事目標ではないすべての物をいう．軍事目標は，その性質，位置，用途又は使用が軍事活動に効果的に資するものであってその全面的又は部分的な破壊，奪取又は無効化が，その時点における状況において明確な軍事的利益をもたらすものをいう．軍事目標はコンピュータ，コンピュータ・ネットワークおよびサイバー・インフラを含み得る」と規定する．武力紛争法の基本原則の1つである軍事目標主義は，1949年ジュネーヴ条約第1追加議定書52条でも規定されており，タリン・マニュアルでも採用されている．なお，民生及び軍事の両用に使用される物については，規則101が，「民用及び軍事の双方の目的に私用される物（コンピュータ，コンピュータ・ネットワークおよびサイバー・インフラを含む）は，軍事目標である」と規定する．

◆ タリン・マニュアルの評価と残された国際法上の課題

タリン・マニュアルは，個人的資格でタリンに集った有識者が考えるサイバー攻撃に関する国際法にとどまるものであるが，ほかに包括的にサイバー攻撃に関する国際法ルールを提示したものがないこともあって，国際社会においてすでに一定の権威を有する文書になっている．Legal experts は，各国政府や国際組織が参照・引用してくれることを期待しつつ，タリン・マニュアルを作成した．ただし，タリン・マニュアル 2.0 が公表されてから 3 年経つが，諸国家の反応はいまだ様子見といったところである．諸国家としては，サイバー攻撃をめぐる状況がどう推移するか不明確な現状において，「規則○○は慣習国際法になっているが，規則 XX は慣習国際法になっていない」といった何らかの見解を表明することが，将来自国にとって不利な証拠となることを恐れて慎重になっているのかもしれない．国連では，サイバーセキュリティに関する政府専門家会合（GGE）が 2004 年以来，5 会期にわたって検討をしてきたが，サイバー空間に国際法が適用されることについては共通の了解が得られたものの，西側諸国と中国・ロシア等との見解の対立等から，国際法の実体内容の詳細については目立った成果はなかった．2018 年 12 月の国連総会決議に基づき，第 6 会期の GGE が立ち上がり，2021 年の国連総会で報告書を提出することになっている（また，サイバーセキュリティに関する国連オープン・エンド作業部会も 2018 年の国連総会決議に基づき創設された）．

もちろん，タリン・マニュアルは万能のものではない．タリン・マニュアルはサイバー攻撃に関する詳細な実体ルールを示したが，現実に最初に問題となる「誰がサイバー攻撃をしたか」をはっきりさせるのに必要な事実認定の機関は国際社会には存在せず，また事実認定と証拠に関する手続ルールはタリン・マニュアルの射程範囲外である．有責者の確定にあたっては，立証の程度を従来の国際裁判で用いられてきた一般的基準よりもゆるやかなものにしないと，およそ立証が困難になるといった指摘もなされている．

サイバー攻撃に対処するためには，さらに，信頼醸成措置（Confidence Building Measures）や能力構築措置（Capacity Building Measures）も重要である．信頼醸成措置は冷戦下の米国・ソ連間および西側諸国・東側諸国間の一連の合意（米ソホットライン協定，米ソ核戦争防止協定，米ソ公海事故防止協定，欧州安全保障協力会議ヘルシンキ最終議定書など）を端緒とするものであり，潜在的な敵対国との間での緊張緩和や緊急時対応等を内容とするものである．サイバー分野での信頼醸成措置として，米国とロシアが 2013 年 6 月 17 日に「情報・通信技術の安全に関する協力」（Cooperationon Information and Communications Technology Security）という合意文書をとり交わしたことが注目される．同文書において，米ロは，① Computer Emergency Response Teams（CERT）間のリンク，②核リスク減少センターを通じての通報の交換，③ホワイトハウス・クレムリン間の直接コミュニケーション・ラインの創設，の3点で合意した．また，米国と中国は，2015年9月25日に，両国は知的財産権のサイバー窃盗を行ったり知りながらサポートしたりしないことで合意し，ロシアと中国は，2015年4月30日に，互いにサイバー攻撃を行わないことで合意した．信頼醸成措置は，意図的なサイバー攻撃には無力かもしれないが，偶発的なサイバー攻撃を予防し，また損害を小さくするためには一定の効果を有し得るものである．

なお，信頼醸成措置はより広い意味で用いられることがあり，たとえば，外務省Webサイト「サイバーセキュリティ日本のサイバー分野での外交（https://www.mofa.go.jp/mofaj/annai/page5_000250.html）では，信頼醸成措置の推進の中に，米国，オーストラリア，英国，フランス，インド，イスラエル，エストニア，ロシア，EU，ASEAN等とのサイバー対話，日中韓3カ国の枠組での協議・対話やASEAN地域フォーラム（ARF）におけるサイバーセキュリティに関する会期間会合が紹介されている．能力構築措置は，主に先進国から途上国へのサイバー・セキュリティ分野での人材・技術・資金等の支援である．上記の外務省Webサイトによると，日本はASEAN諸国に対して，重要インフラ防護，サイバー犯罪対策，CRIST（Computer Security Incident Response Team），法執行機関の能力強化等の支援を進めている．

サイバー攻撃対処条約は必要であろうか．西側諸国の見解は，すでにサイバー攻撃に関する慣習国際法が存在するから新たな条約は不要というものである．これに対して，中国やロシアや一部の途上国の見解は，必要というものである．ただし，ここには裏があることに注意しなければならない．後者の諸国がサイバー活動について最も恐れているのは，アラブの春の再現（反体制活動がSNSを通じて広まること）であり，新たな条約には情報の国家統制条項を入れことを最重要視していることである．これに対して，西側諸国の見解は表現の自由，情報の自由を最重要視している．もし国連総会でサイバー攻撃対処条約が議論されるとなると，多数派を占めるのは途上国であり，その多くは非民主主義国家であるため，情報の国家統制条項が入ってしまう可能性が高い．さらに，条約作成には長年を要する上，サイバー攻撃を行っていると疑われる肝心の国家は条約に入らないかもしれない．「すでに慣習国際法は存在し，適用できる以上，新たな条約は不要」という西側諸国の見解は，こうした裏事情まで勘案すると，合理的であることが分かる．そして，慣習国際法を同定する際に最も有用な指針となるのが，まさにこのタリン・マニュアルなのである．この意味で，タリン・マニュアルはサイバー空間における「法の支配」に大きな貢献をしたものといえよう．

第 1 部

一般国際法とサイバー空間

河野桂子

◆1◆ 主　権

規則1（主権［一般原則］）　国家主権の原則は，サイバー空間において適用される．

主権は国際法の基本原則である．国家は，自国領域内に所在するサイバー・インフラ及びそのインフラに関連した行動に対して主権を享受する．主権原則の中心にあるのは属地主義であるが，一定の状況の下では海外のサイバー・インフラ及び行動のみならず，その従事者に対しても国家は管轄権を行使しうる（規則10－11）．主権が及ぶ領域内にあるインフラを標的としてサイバー行動を行うことは，主権の属地性から制限を受ける（規則4）．

条約及び慣習国際法上の多くの原則及び規則は，主権の一般原則に由来する．その一例として管轄権（第3章），他国について一定の免除を尊重する義務（規則5）及び相当の注意原則（規則6）が挙げられる．国際司法裁判所も判示した通り，「他国の主権を尊重すべき原則は，武力不行使及び不干渉原則と密接にかかわっている」（規則66－68）．

サイバー空間の物理，論理及び社会層は主権原則に支配される．物理層はハードウェアなどの物理的ネットワーク構成要素から成る．論理層は各機器の間を往来するアプリケーションソフト，データ及びプロトコルを指す．社会層はサイバー行動に従事する個人や集団から成る．

サイバー空間は，しばしばその仮想的性質から「グローバル・ドメイン」又は「第5のドメイン」と表現される．また，サイバー空間は「グローバル・コモンズ」（人類の共同の財産）に等しいという意味で公海，その上空又は宇宙空間になぞらえられる．しかしこうした見方はサイバー空間の属地的性質を無視しており，法的な観点からは採用できない．サイバー行動は，国家が主権的権限を行使する領域において行われ，及び国家が主権的権限を行使する物に対して行われ，又は国家が主権的権限を行使する人若しくは組織によって行われるからである．

ある国家領域に所在するサイバー・インフラがサイバー空間に連結しているという事実は主権の放棄と解釈されてはならない．国家は条約（特に国際人権法）又は慣習国際法に従う限り，自国領域内に所在するサイバー・インフラをインターネットから切断する権利を有する．

いかなる国もサイバー空間そのものに対する主権は主張できない．なぜならサイバー空間を構成するサイバー・インフラのほとんどは，国家の主権が及ぶ領域に所在しているからである．

規則2（対内的主権）　国家は，その国際法上の義務に従って，自国の領域内に所在するサイバー・インフラ，人及びサイバー行動に関して主権的権能を享受する．

国家は自国領域内のサイバー・インフラ，サイバー行動又はその従事者について必要又は適当と考えるいかなる措置も自由にとることができる．例えば，海外法人である民間事業者のサーバーが自国領域内にある場合，国家はそのサーバーに対して主権を享受する．また，国家は自国領海海底への通信ケーブルの設置を統制することができる．海底ケーブルが大量の国際通信を伝送している事実を考慮するとこれは重要な権利である（規則54）．

電磁波は主権概念になじみにくいが，越境時の共同及び最適利用並びに通信の安定的伝送を可能にすべく国際社会は様々な措置をとっている（規則63）．

論理層との関連では，国家は一定の電子サービスについてTLSのような暗号化のプロトコルの使用を法令で課すことができる．また，国家は電子署名が適正に暗号化されるか又は電子証明書の記載に指紋，利用者名若しくは失効日などの情報が含まれることを法令により課すことができる．

社会層との関連では，国家は自然人及び法人の双方について，自国領域内のサイバー行動を規制することができる．例えば，国家はネット上の児童ポルノや暴力を扇動する投稿を犯罪化することができる．ネット通信及び行動の検閲又は制限は，適用可能な国際人権法に従わなければならない（第6章）．

国家は一定のオンライン・コンテンツの一部又は全体について接続を制限することができる．実際に多くの国がテロ関連サイトへの閲覧を遮断している．勿論，この権利は適用可能な国際法（規則35，37の表現の自由）に従うことを条件とする．また，国家は国際電気通信業務の停止について他国に通知しなければならない（規則62）．

慣習法又は条約の下で，国家は自国領域内で行われる外国の非商業的活動，一定の政府機関（元首，首相及び外務大臣）（規則 12），外交使節（規則 44）又は主権免除及び不可侵を享有する政府船舶及び航空機（規則 5）に対して管轄権又は権能を及ぼすことはできない．

国家は自国の政治，社会，文化，経済及び法の秩序を自主的に決定することができる．国内管轄事項への違法な干渉は禁止される（規則 66）．国家は海外にあるデータに対して国際法が特に規定していない限り主権を行使できないが，立法管轄権（規則 10）は行使できる．

規則 3（対外的主権）　国家は，その国際関係において，自国を拘束する国際法の規則に従う限り，サイバー行動を行う自由を有する．

対外的主権は，主権平等原則（国連憲章 2 条 1）に由来する．各国は，他国の人格，領土保全及び政治的独立を尊重し，国際義務を誠実に履行しなければならない．主権平等である国家の共同体において，国家間の法的優越関係は存在しない．

国家は国際法に従う限り，自国の領域外で自由にサイバー行動をとることができる．この対外的主権には，外交政策（国際合意の締結を含む）を策定する自由を含む．従って，国家は特定のサイバー慣行について自由に条約に加盟し，又は慣習法形成に資する法的確信を表明することができる．特に国家は，自国政府機関若しくは自国民によるサイバー行動又は自国領域内のサイバー行動を規制する条約規則に同意することを強制されない．

対外的主権に基づく国家のサイバー行動は，それに反する内容の拘束的条約又は慣習国際法規範を損なうことはない．特に，他国の主権侵害（規則 4），干渉（規則 66），武力行使（規則 68）の禁止についてこのことを留意しなければならない．

国家免除規則の淵源は対外的主権である（規則 12）．

規則 4（主権の侵害）　国家は，他国の主権を侵害するサイバー行動を行ってはならない．

国家のみが主権侵害をなしうるということは，非国家主体の行動が合法であることを意味するものではなく，非国家主体による有害なサイバー行動に対して国家は緊急避難（規則26），自衛（規則71），対抗措置（規則20）等に基づいて対応しうる．

ある国家の機関が他国領域内に物理的に存在する間にサイバー行動をとることは，当該国の主権侵害となる（例：他国領域内のインフラにUSBメモリを使ってマルウェアを感染させる場合）．他国領域内でのサイバー諜報（規則32）も同様である．領域外からの無線信号に対する単なる妨害は主権侵害にはあたらない（但し規則35参照）．

遠隔サイバー行動については，サイバー・インフラの物理的損害（装置の冷却機能が停止し，その結果部品が溶解した場合）が生じた場合のみならず機能の喪失が生じた場合（例：シャムーン・ウィルスによるアラムコ社への攻撃）も主権侵害となる．本質的な政府の機能の行使に必要なデータやサービスを妨げるサイバー行動（社会保障，選挙，徴税，外交，国防に関するデータの改変・削除など）は主権の侵害となる（不干渉につき規則66）．政府の機能が民営化された場合も同様である．

刑事訴追の証拠取得のため，他国に所在するC2サーバーを同意（規則11）なしに乗っ取ってボットネットを掃討する法執行活動を行った場合には，政府の機能を侵害するため主権侵害となる．領域外であってもエストニアのようなデジタル大使館（自国のバックアップ・データを国外で保管）（規則39）に対する攻撃は主権侵害となる．主権侵害の意図は要件ではなく，意図がなくても結果が発生すれば主権侵害となる．SWIFT（国際銀行決済システム）に対するサイバー行動は，世界規模の損失を生じるが，サーバーが所在する国家の主権が潜在的に影響を受けるのみである．経済や重要インフラに深刻な影響を与えるサイバー行動は，現行法上，主権侵害とまでは言えない．他国へのプロパガンダの実施も一般には主権侵害とは言えないが，違法な干渉には該当しうる（規則66）．

サイバー犯罪は国家に帰属しない限り主権侵害とは言えない（例：組織犯罪集団によるビットコインの窃盗は主権侵害ではない）（規則15－18）．領域国の同意（規則19）に基づき行われるサイバー行動は，領域国の主権を侵害しない（例：NATOの緊急展開チームによる支援）．

規則5（主権免除及び不可侵） どこに位置しようとも，主権免除を享有するプラットフォームに所在するサイバー・インフラに対するいかなる干渉も主権侵害を構成する．

軍艦や非商業目的に使用される国の船舶，国の航空機は主権免除を享有する．これらの船舶・航空機上に所在する人又は物も同様であるため，他国の執行管轄権行使（規則9，11）から免除される．但し，あるプラットフォーム上のサイバー・インフラが免除を享有するためには，それが専ら政府の目的に使用されていなければならない．ここで禁止される干渉とは，ある物を損壊させるか又はその運用を阻害・奪取する行動などである．軍用無人機に対するDoS（サービス妨害）攻撃がその一例である．

但しこれらの主権免除を享有するプラットフォームは，他国の主権を尊重する義務などの国際法上の原則・規則に従わなければならない．例えば，軍用機がサイバー行動に従事する目的で他国領空に侵入した場合，被侵犯国はこの軍用機に対して武力行使（規則55）を含む必要な措置をとることができる．同様に，サイバー行動に従事する目的で他国領海を航行する軍艦は，無害通航制度（規則48）に違反したものとみなされる．

非商業目的に使用される政府のサイバー・インフラが享有する免除については，規則12を参照のこと．

国際武力紛争が起きた場合，主権免除及び不可侵の原則は紛争当事国間の関係では適用しない（ウィーン外交関係条約45条のような特定の規則についてはこの限りでない）．主権免除及び不可侵を享有する物が軍事目標（規則100）に該当する場合には破壊の対象となりうるか又は敵国によって戦利品として押収されうる．中立国の公共サイバー・インフラも一定の状況下では軍事目標に該当しうる（規則150）．

主権免除を享有しない地域及び物であっても，地位協定のような二国間又は多数国間協定によって不可侵の保護を享有する場合がある．また，外交関係法の下で，一定のサイバー・インフラ（規則39）や，電子的な公文書・書類・通信（規則41）については特別の保護が与えられている．

◆２◆ 相当の注意

規則６（相当の注意［一般原則］）　国家は，自国の領域又は自国の政府の支配下にある領域若しくはサイバー・インフラが，他国の権利に影響を与え重大で有害な結果を生じるサイバー行動のために使用されることを許さないよう，相当の注意を払わなければならない．

Ａ国内のハッカーがＣ国のインフラを使ってＢ国へのサイバー攻撃を行ったが，Ｃ国はそれを知りながら攻撃を終了させるため実行可能な措置をとらなかった場合には，Ｃは相当の注意原則の違反となる．データが通過するだけの国は攻撃を了知し，及び実行可能な措置をとりうる場合にはこの義務を負うが，現段階では悪意ある通信の了知は難しい．他方，諜報はそれ自体国際法違反ではないため（規則 32），この原則は適用しない．この義務は，非国家主体が（越境環境損害のように）Ｂ国の権利に影響を与える行動に従事する場合（Ｃが行えばＢに対する義務違反となる場合）にのみ生じる．それゆえ，Ａ国企業がＢ国の機密書類を公表してもＢの権利は侵害されないため，Ａはこの義務違反とならない．

本規則は，重要インフラの機能阻害や経済への広範な影響のように重大な悪影響が発生していることを要件とする．物理的損害は必ずしも要さない．但しＡ国内のハッカーが多数国にまたがるボットネットを利用して攻撃を行いＢ国に対して重大な結果をもたらしたものの各ボットは一国毎に見る限り重大な結果をもたらしていない場合，個々の領域国はボット掃討措置をとらなくてもこの義務の違反とみなされない．

損害の発生場所は問わない．Ａ国が政府のデータ（規則４）をＢ国内サーバーに保管していた所，Ｃ国内のハッカーがデータを毀損した場合，ＣはＡに対してこの義務を負う．この義務は民間のインフラにも適用される．Ａ国企業がＢ国の競合他社に対してサイバー攻撃を行った場合，ＡはＢに対してこの義務を負う．

領域国が攻撃を了知しながら無視したことを標的国が立証することは現実には難しい．ハートブリードのように広く知られた脆弱性・マルウェアや DDoS

攻撃のように常時探知可能な場合には推定了知（客観的にみて知りえたはず）を認めることがより適当である．但し推定了知は予防措置をとる義務（規則7）を課すものではない．A国がC国に所在するインフラを用いてB国に対するサイバー攻撃を行う場合，Cはこの義務違反となりうるが，それとは別にAはBに対する主権侵害とみなされうる（規則4）．

規則7（相当の注意原則の遵守）　相当の注意原則は，他国の権利に影響を与え重大で有害な結果を生じるサイバー行動を終了させるために，国家が当該状況において実行可能なすべての措置をとることを要求する．

サイバー攻撃が開始されていないが重大な段階がとられつつあり，合理的な国家であれば攻撃の実行を予測できる場合に本規則は適用される．A国に所在するテロ集団がB国の株式市場のサイバー・インフラにマルウェアを仕込みそれが今にも活動する段階にあることをA当局が発見した場合，Aはサイバー攻撃を停止させるため行動しなければならない．

A国は攻撃を了知するがB国が了知していない場合，情報共有の問題が生じる．Aは攻撃を終了させる方法を自らの裁量で選ぶことができる．しかしAが国内法制を理由に情報共有を制限することは，Aが措置をとらないことの抗弁にはならない．

相当の注意原則は予防措置をとる要件を課すものではない．サイバーの文脈で予防の義務があると解することは，国家に過度の負担を課すことになってしまうし，国際人権法上の国家の義務にも相反しうる（規則35のプライバシーの論点を参照）．予防措置の要件はないゆえ，国家は自国領域内のサイバー活動を監視することを要求されない．また単に有害な活動が起こりうるというだけでは領域国に注意義務は課されない．従って，国家は潜在的害悪のリスクに比例した実行可能な防止措置（情報セキュリティ政策の採用，CERTの設置，正確な脅威評価を可能にするためサイバー事件を報告する義務を企業に課す国内法の制定など）をとる義務はない．他方，B国に対する攻撃目的でA国インフラが繰り返し悪用された事実に照らしてAは確実に再発を予測できる場合，本規則は適用される．

実行可能な措置の程度は先進国と途上国とでは異なる．領域国が対応能力を有さない場合には，この義務の違反とならない．領域国が実行可能なすべての措置をとったが不首尾に終わった場合も同様である．A国内のボットネットがB国へのDDoS攻撃に用いられており，それを阻止するためにAの主要なネットワークを遮断することが必要である場合には，AB両国に及ぶ害悪の性質，規模及び範囲を評価した上で対処しなければならない．

仮にA国が自国内の有害なサイバー活動を終了させるための能力があるにもかかわらずその意思がない場合には，被害国BはAの義務不履行に基づき対抗措置（規則20）に訴えることができる．

◆3◆ 管轄権

規則8（管轄権［一般原則］）　国際法上規定された制限の下で，国家は，サイバー行動に対する領域管轄権及び域外管轄権を行使できる．

サイバー攻撃は地球のどこからでもなしうる．また国境を瞬時に，及び容易に超えることができ，さらに多数国に影響を及ぼしうるため，複数国が管轄権を主張して国家間に混乱と摩擦が生じやすい．B国在住のA国民がD国在住者の銀行口座情報を盗むためC国にあるウェブサーバーを攻撃した場合，ABCDとも管轄権を行使しうる．それゆえサイバー活動に関しては，法執行における国際協力が特に重要である（規則13）．

規則9（領域管轄権）　国家は，(a)自国領域に所在するサイバー・インフラ及びサイバー行動に従事する個人，(b)自国領域において淵源を有する若しくは完了するサイバー行動，又は，(c)自国領域において実質的な効果を有するサイバー行動，に対して領域管轄権を行使できる．

仲介国に所在するサイバー・インフラが越境サイバー攻撃の不可分の構成要素である場合には，仲介国は領域管轄権を行使しうる．例えばA国にいる私人がB国にあるサイバー・インフラをボットネットとして悪用しC国内のシステムへのDDoS攻撃を行う場合，ABCとも(a)の管轄権を有する．但しA国において開始されたサイバー行動がB国のルーターを通過しC国に影響をもたらす場合，データ通過国のBが属地主義に基づき（刑事）管轄権を行使できるかについて見解は分かれる．

(b)は主観的属地主義や客観的属地主義を考慮した内容である．A国の諜報機関がC国企業による軍事装備品製造に関するデータを入手するため，B国からC国内サーバーに対してルートキット攻撃を実施する場合，Bは主観的属地主義に基づき，Cは客観的属地主義に基づき管轄権を行使しうる．サイバー攻撃の場所は容易に秘匿可能であるため，今日では(b)ではなく犯罪との実質的な関連によって管轄権を設定する方式がより好まれている．

効果理論は(c)に反映されている．例えば国家の主要産業の知的財産権を保護することを目的として，海外で行われるサイバー行動を国内法令で規制することは許容される（但し他国の権利を不当に侵害しないなどの条件に服する）．しかしハッカーがクラウドに保管された企業Xのデータを毀損してXが事業中断に追い込まれた場合，X所在地国は管轄権を行使できるが，Xの株主本国は管轄権を行使できない．この攻撃によりXの株価が下がり第三国の株主に悪影響を与えても，株主本国の管轄権行使を正当化する連関は弱すぎる．

外国に所在し外国人によって運営され，特定国の人や物を標的にしないウェブサイトは，当該国における実質的及び予見可能な結果をもたらさない限り当該国の管轄権に服さない．例えばB国のNGOがB国内のウェブサイトでA国の体制や政策，人権の遵守状況を批判した場合にAが管轄権を行使することはBの法秩序の侵害にあたるが，A国内で暴力を引き起こす結果を招くオンライン上での活動をこのNGOが行う場合は，Aは効果理論に基づいて禁止しうる．

規則10（域外立法管轄権）　国家は，次のサイバー行動に関して域外立法管轄権を行使することができる．(a)自国民によってなされたもの，(b)自国籍を有する船舶及び航空機内でなされたもの，(c)外国人によってなされ，根本的な国家利益を重大に侵害することを意図したもの，(d)一定の制限の下に，外国人によって自国民に対してなされたもの，又は(e)普遍主義に基づき国際法上の犯罪を構成するもの．

(a)の例として，A国の在外自国民がA又はB国に対する暴力を扇動するサイバー行動を行った場合，Aはこの行為を法律で犯罪と定めることができるが，この場合B国も(c)の保護主義に基づいて管轄権を行使しうる．

(b)は船舶や航空機が登録された国であり，旗国と呼ぶこともあるが，宇宙船や宇宙での活動については適用しない（規則59）．

(d)は消極的属人主義を考慮した内容である．例えばA国民を標的とするテロの実行者を海外のテロ組織がオンライン上で募集する場合，A国は(d)に基づき管轄権を行使しうる．A国民へのテロが海外で行われる場合も同様である．

(e)の普遍主義によれば，攻撃者や被害者の国籍，攻撃の場所にかかわりなく国家が管轄権を行使しうることが認められる．例えば，武力紛争中に一般住民の恐怖を煽る目的でサイバー攻撃を行う場合である（規則98）．他にもジェノサイドを行う目的でネットワークに侵入し，特定の人種に属する個人の情報を取得する行為は，普遍主義の対象となる．

規則11（域外執行管轄権）　国家は，次の場合に個人，物及びサイバー行動に関する域外執行管轄権を行使できる．(a)国際法上の権能として特に配分される場合，又は(b)外国政府から，その領域における管轄権の行使への有効な同意が得られる場合．

(a)の例として，国家は公海や排他的経済水域（EEZ）上の海賊に対して域外執行管轄権を行使できる（規則46）．例えば，他国のEEZにおいてアクセスコントロールリスト（ACL）を用いて海賊船のインターネット通信を遮断することである．

(b)の例として，A国の法執行機関がB国内にある容疑者のコンピュータに侵入することは，Bの同意を得なければ違法な域外執行管轄権の行使となる．

条約が特に定める場合には私人が域外執行管轄権の行使について同意を与えることができる．サイバー犯罪条約32条(b)は，他の締約国に保管されたデータについて，「当該データを自国に開示する正当な権限を有する者の合法的なかつ任意の同意が得られる場合」にアクセスし又受領することを認めている．これは，同条約の締約国が32条(b)に基づくデータの取得について事前に同意しているからである．

B国の民間事業者が自社の顧客の個人情報や通信履歴についてA国当局から直接（B国当局を経ずに）開示請求を受けた場合，この事業者はこの請求に従う法的義務はない．

A国は，自国民のデータがB国内に保管されている場合に，B国の同意を得ずに単に自国民のデータであることだけを理由に一方的に域外執行管轄権を行使することはできない．

他方，A国に居住する私人がB国内にデータを保管している場合，C国の法執行機関がAの同意のみでこのデータにアクセスすることは認められない．Cは条約で権限が付与されているかBの同意が得られなければ域外執行管轄権を行使できない．但しAも私人に対して管轄権を行使しうるため，例えばデータをCに供与するよう私人に要求できる．

規則12（管轄権の行使からの国家の免除）　国家は，サイバー行動に従事する個人又はサイバー・インフラであって国際法上免除を享有するものに関して執行又は司法管轄権を行使することはできない．

国家元首は，他国の国内法に違反するサイバー行動を命じたことについて国際法上免除を享有する．また，A国諜報機関の職員がB国領域内でB国職員と共同捜査を進める過程でネットワークへのハッキングを行った場合，このA国職員の行為は公務であることからB国の管轄権から免除される．

国が非商業目的で所有，運用する建物，構築物，船舶，航空機及び宇宙船には免除が認められるため，非商業目的（軍事を含む）で利用される国のサイバー・インフラも他国の当局による押収や差押えの対象とならない．

A国職員がB国領域内でサイバー監視活動を行うことについてB国が同意している場合，その活動のために使用される機材，ソフトウェア及びデータは両国間の同意に基づき免除を享有する．また，A国職員が本国との間でVPN接続により通信を行う場合，B国はこの通信に対して干渉することはできない．A国の駐留外国軍が，B国領域内で運用するネットワーク作戦センターについても地位協定に基づき免除を享有しうる．外交使節団の通信の不可侵については規則41を参照のこと．

国際武力紛争の間は，敵対交戦国の免除は相互に停止される（規則82）．非交戦国である第三国の免除は停止されないが，中立法に服する（第20章）．例えば，A国の外交官が交戦国Cを利するために諜報を行った場合，交戦国Bとの関係でA国外交官の外交免除は停止されないが（規則44），A国は中立法上の義務に違反したものとみなされる（規則152）.

規則13（法執行における国際協力）　一般論としては国家はサイバー犯罪の捜査及び訴追における協力を義務づけられないが，当該協力は適用可能な条約又は他の国際法上の義務によって要求されうる.

「サイバー犯罪」は，悪意によるハッキングのようなサイバー手段だけで遂行される犯罪と，爆弾テロのようにサイバー手段も併用されることもあるがそれ自体は物理的手段による従来型犯罪の双方を含む.

サイバー犯罪の捜査や訴追について国家間の協力を定める多数国間条約には，欧州評議会のサイバー犯罪条約，アラブ連盟のアラブ情報技術犯罪条約がある．爆弾テロ防止条約や核テロリズム防止条約のような従来のテロ防止などの関連諸条約も締約国間の捜査協力を定めているため，従来のテロ犯罪の一環としてサイバー手段が用いられるか，又は電子媒体で犯罪の証拠が存在する場合には，これらの枠組みも活用しうる.

但し，サイバー犯罪の捜査協力の際には国際人権法，特にプライバシー権（規則35）に留意しなければならない．人権の制限については規則37に合致していなければならない.

◆4◆　国家責任法

◆　第1節　国家による国際違法行為

規則14（国際違法サイバー行為）　国家は，自国に帰属し，国際法上の義務違反を構成するサイバー関連行為に対して国際責任を負う.

サイバー関連行為は，国家が自ら行うか又は国家に帰属する行為に限らない．例えば，自国のサイバー・インフラを非国家主体や他国に対して利用させること，自国領域内の有害なサイバー行動を終了させるために必要な措置をとらないこと（規則6−7），又はハードウェア又はソフトウェアを非国家主体や他国に供与することも「サイバー関連行為」に含まれる.

国際違法行為には平時と戦時の双方がある．前者の例として，沿岸国領海を航行中の船舶から沿岸国の平和を害するサイバー行動を行えば，無害通航制度の違反となる（規則48）．後者の例として，武力紛争中に民用物に対するサイバー「攻撃」（規則92）を行うことは武力紛争法違反（規則99）となる．

不作為が国際違法行為となる例としては相当の注意義務（規則6－7）がある．

但し，国際電気通信連合憲章が定める通信業務の停止（規則62）のように明文で許されているか又は諜報（規則32）のように国際法上の規律が及ばない行為については，国家責任は生じない．また，他国との電子取引の停止は，非友好的ではあるが，（特定の条約上の義務の違反とならない限り）国際法違反ではないため，国家責任の問題は生じない．

物理的な損害又は傷害は，国際違法行為が成立するための前提条件ではない．例えばサイバー犯罪条約20条は，締約国が自国領域内の特定の通信に関する通信記録をリアルタイムで収集又は記録するために立法措置等をとる義務を定めているが，締約国がこの立法措置を怠れば物理的損害が一切発生していない場合でも国際違法行為を行ったことになる．

一般的に，サイバー行動の違法性は，それがどの場所から行われたかに左右されない．国家は，どの場所からも違法なサイバー行動をなしうるからである．但し，無害通航制度（規則48）の違反については，サイバー行動に従事する船舶が行動を行った時点で沿岸国領海内に所在することが要求される．

規則15（国家機関によるサイバー行動の帰属）　国家機関又は国内法によって統治権能の一部を行使する権限を付与された個人若しくは団体によってなされたサイバー行動は，当該国に帰属する．

「国家機関」は，諜報，軍，治安，税関などのように国内法上その地位を有するすべての人及び組織を意味する．軍のサイバー部隊が命令に反して他国にサイバー攻撃を行った場合も国は責任を負う．但し国家機関であっても金銭の窃取のように純粋に私的な動機に基づく場合は国家に帰属しない．

国内法令や国との契約に基づき統治権能の行使を認められた私人又は団体の行為も，国家に帰属しうる．例えば他国に対してサイバー攻撃やサイバー諜報を行う法的権限を付与された企業の行為である．統治権能に該当しない委託業務については規則17を参照のこと．「統治権能」は，外交，徴税，警察，国境管理など政府が通常行使する機能を意味する．例えば国が犯罪捜査に必要なデジタルフォレンジックを企業に委託する場合，この企業が行ったフォレンジックは国家に帰属する．他方，軍のネットワーク防御を委託された企業がNGOに対して情報セキュリティサービスを提供した場合，このサービス提供行為は国家に帰属しない．

企業が権限を逸脱した場合にも，その行為は国家に帰属する．例えば国家が政府のサイバー・インフラの防御（但しパッシブな防衛）を企業に委託したところ，事案発生時に受注企業が行ったのはハックバックによるアクティブなサイバー防衛であった．企業の対応は権限の逸脱に該当するが，ハックバックはネットワーク防御に付随する活動であるため国家に帰属する．

単にサイバー攻撃がある国の政府のインフラから発信されただけでは，国家への帰属の証拠としては不十分である．ゾンビコンピュータによるDDoS攻撃のように民間のインフラを用いてサイバー攻撃が行われる場合，国家の関与を示すのは難しい．2013年の韓国金融・報道機関に対するサイバー攻撃は北朝鮮の関与が疑われているが，世界中のサイバー・インフラが悪用された．同年のウクライナ政府ホームページの改ざんは，NATOサイバー防衛センター（CCD COE）になりすましてなされた．同センター，エストニアを始めとするNATO諸国軍に対するホームページ改ざんなどのサイバー行動も，ウクライナになりすまして行われた．

非国際武力紛争（規則83）中に国の端末がルートキット攻撃を受けてサイバー手段による警告（規則120）の発出が困難になった所，企業が政府による権限の授与を待たずに自発的に復旧作業を始め，警告の代替手段をとった場合，この行為は国家に帰属する（国家責任条文9条）．

規則16（他国の機関によるサイバー行動の帰属）　他国の利用に供された国家機関によってなされたサイバー行動は，当該機関が国家の統治権能の一部を行使して行動している場合には当該他国に帰属する．

本規則は，①当該機関が利用国の排他的支配の下で行動している，②当該機関が利用国の目的のために，及び利用国に代わって行動している場合に適用する．

但し，A国がB国のサイバー事案対処を支援する目的で自国CERTをB国に派遣したが，B 国での復旧作業にあたっては自国の許可をとるよう CERT に指示していた場合には，本規則ではなく規則 15 及び規則 18 を適用する．また A 国 CERT による復旧作業が，AB 両国に向けられたサイバー攻撃への対処を目的とする場合にも本規則は適用しない．反対に A 国 CERT が B 国だけに向けられたサイバー攻撃に対処するのであれば，たとえ A 国 CERT が B 国領域に物理的に所在せず，A 国領域内から遠隔で作業する場合でも，②の条件を満たしたことになる．

なお，完全に B 国の利用に供された A 国の緊急展開チームが，B 国からはパッシブな防衛及び被害軽減措置だけを指示されていたにもかかわらず独自の判断でハックバックや DoS 攻撃などのアクティブなサイバー防衛を行った場合，CERT の行動の責任は B 国に帰属する．

但し当該機関が利用国の商業的活動を促進又は支援するために行動する場合には，本規則は適用しない．

規則 17（非国家主体によるサイバー行動の帰属）　非国家主体によってなされたサイバー行動は，次の場合に国家に帰属する．(a)その指示に従い又はその指揮若しくは命令下でなされた場合，又は(b)国家が当該活動を自己の活動として認め，かつ採用した場合．

非国家主体には，個人のハッカー，アノニマスのような集団，サイバー犯罪組織, IT 関連企業及びサイバー・テロリスト又は反徒などが含まれる．例えば，ある国が不測の大規模サイバー緊急事態に陥ったが，対処にあたる常設組織を備えておらず国民に対してボランティアを募った場合，このボランティアらは事案対処の間，国家の補助機関として国家を代理して行動したとみなされる．国営 IT 企業だからといって直ちに国家機関となるわけではないが，規則 15 が適用されなくても，本規則の下で国家に帰属することがありうる．

規則 15 及び 16 と異なり，非国家主体による権限踰越の行為は国家に帰属しない．例えば，① A 国が企業に対して B 国の財産を破壊するため SCADA システム（監視制御とデータ取得）に対するサイバー攻撃（例：スタックスネット）を指示した場合，この行為は A に帰属する．②この攻撃は B 国に対する合法的な対抗措置（規則 20）として行われたが，C 国システムにまでマルウェアの感染が拡大した場合，企業の行動は指示を受けた行動と関連するゆえ，A に責任が帰属する．しかし，③この企業が誤って C 国の政府ネットワークにマルウェアを仕込んでしまった場合，この行動は権限踰越ゆえに A に責任は帰属しない．また A 国が企業のサイバー行動につき実効的支配を及ぼしていた所，この企業が技術上の問題から A の許可なしに C 国のサーバーを経由したサイバー行動を行った場合，その行動が A から指示を受けた行動に付随し，不可欠のものであるならば A に責任が帰属する．しかしこの企業が競合他社のデータを C 国サーバーから不法に収集した場合には，この行動は A から指示を受けた行動に付随しないため A に責任は帰属しない．

国家に責任が帰属するためには，非国家主体のサイバー攻撃に対して単に同意を表明するだけでは不十分である．例えば非国家主体を反撃から保護するために意識的に自国のサイバー能力を展開するなど，非国家主体のサイバー攻撃が国家の行動として継続するのを促すことによって初めて「採用した」ものとみなされる．

A 国が B 国反徒に対してハッキング・ツールを提供した所，この反徒が独自の判断でこのツールを B 国政府に対して使用した場合，この提供行為はそれだけでは A 国に帰属しないが，それ以外の国際法に違反することがありうる（不干渉に関する規則 66 及び武力行使に関する規則 68）．

規則 18（他国によるサイバー行動に関連する責任）　サイバー行動に関連して，国家は次の場合に責任を負う．(a)国際違法行為の遂行における他国への支援又は援助であって，国家が国際違法行為に関する事情を知って当該支援又は援助を供与し，当該行為が当該国によって行われたならば国際法違反となる場合，(b)当該国が指揮及び命令する他国の国際違法行為であって，当該指揮及び命令が国際違法行為に関する事情を知ってなされ，当該行為が当該国によって行われたならば国際法違反となる場合，又は(c)他国に行うよう強制した国際違法行為である場合．

(a)の例として，例えば A 国が B 国によるサイバー能力の取得を経済的に支援する場合には，A はその支援の範囲で責任を負う．A が B の攻撃目的を知らずに支援した場合，A は責任を負わない．但し A の支援が B による国際違法行為の絶対不可欠の要素である場合には A は国際違法行為の全体について責任を負う．例えば，A が B に提供した暗号解読技術が B にとって，有害なサイバー行動を行うために欠かせないものであった場合，A は被害国に対して責任を負う．

(b)は一方の国が他方の国に完全に支配されている状況であり，占領がその典型例である．但し，指揮及び命令を受ける被支配国は，規則 19 に列挙された違法性阻却事由に依拠できない限り，違法行為の責任を免れない．

他方(c)の場合，強制された国は，強制した国に従属する以外の選択肢を持たないため，一般的に被害国との関係で責任を負わない．例えば，A 国が B 国に対して「B 内サーバーに保管された C 国の重要なデータを改変しなければ破滅的な経済措置を B にとる」と脅迫した場合，A のみがデータの改変とそれに伴う被害について責任を負う．

規則 19（サイバー行動の違法性を阻却する事由）　サイバー行動を含む行為の違法性は次の場合には阻却される．(a)同意，(b)自衛，(c)対抗措置，(d)緊急避難，(e)不可抗力，又は(f)遭難．

(a)につき，同意を援用できるのは同意の範囲においてである．AB 両国が A のサイバー・インフラを用いた合同諜報について同意していた所，B がこのインフラを使って無断で A に対するサイバー諜報を行った場合，B は自らの条約違反について同意を援用できない．また，同意の結果行われたサイバー行動が不測の事態を招いても同意は有効であるが，一方の国がその事態を予測できた場合には無効となる．例えば A 国は B 国の同意を得て B 国内でサイバー行動を行っていたが，B 国システムに悪影響を及ぼす欠陥がマルウェアにあることを知りながら，それを B には伝えず使用した．この場合 A のサイバー行動の違法性は同意によって阻却されない．

(b)につき，武力攻撃に対する自衛（規則 71）として行われるサイバー行動は国際違法行為とみなされない．この場合，武力攻撃を行った国に対する武力の行使（規則 68）に加えて主権侵害（規則 4）の違法性も阻却される．但し自衛行動が，武力紛争法上の文民（規則 94）又は民用物（規則 99）に対するサイバー攻撃に該当する場合には，武力紛争法上の違法性は阻却されない．公の緊急事態においても逸脱が許されない（規則 38）人権法上の義務（規則 35）も同様である．

(c)については第 2 節を参照のこと．(d)については規則 26 を参照のこと．

(e)の例として，A国内のサーバーの利用をB国に認める条約を両国間で結んでいた所，A国内のサーバー群がハリケーンによって破壊された場合，Aの条約違反は不可抗力によって阻却される．但しコストの増加などのように義務履行がより困難になる程度では不可抗力は援用できない．またA国がハリケーンの度重なる警報を無視してデータのバックアップをとらないなど過失がある場合も不可抗力は援用できない．

(f)の例として，A国が自国の衛星航法システムの利用をB国に認める条約を両国間で結んでいた所，システムがマルウェアに感染した．このマルウェアはデータを改ざんして船舶や航空機の運航に重大な危険が生じることが懸念されたためA国はシステムの運用を中断した．この例は人命に危険が生じる状況であることからA国は遭難を援用できる．但しシステムの運用を停止する場合と比べてマルウェア感染の危険度が小さい場合には遭難は援用できない．

◆ 第2節　国家の対抗措置と緊急避難

規則20（対抗措置［一般原則］）　**国家は，他国が自国に対して負う国際法上の義務違反への反応として，対抗措置（性質上サイバーであるか否かを問わない）をとる権限を有する．**

対抗措置は報復と区別される．例えばアクセスコントロールリストを用いて他国からの通信を遮断することは非友好的な行為ではあるが，特定の条約や慣習法に違反しない限り合法である．自国領域内のサイバー・インフラに対して国家は主権を享有するからである（規則2）．

対抗措置の対象は国家であるが，実際の標的は国家機関や国のサイバー・インフラに限定されない．自国へのサイバー攻撃（自国の民間サイバー・インフラの機能喪失）への対抗措置として同種の反応をすることは認められる．他方，A国企業がB国の競合他社に対してサイバー攻撃を行った場合，A国企業の行動がAに帰属しない限り（規則15又は17）又はAが自国企業への統制を怠り相当の注意義務（規則6−7）に違反しない限り，BはA国企業に対して対抗措置をとることはできない．非国家主体が行ったサイバー攻撃が国家に責任帰属しない場合には，被害国は対抗措置を利用できない（規則15及び17）．但しこのような場合でも緊急避難（規則26）や自衛（規則71）といった違法性阻却事由

(規則 19) の援用は可能である.

国連憲章第 7 章に基づき安全保障理事会が行った勧告や強制措置は，そもそも合法であるため対抗措置に該当しない．例えば国連憲章 41 条は非軍事的強制措置の一つに通信の中断を挙げているが，ある国がこの安全保障理事会決議に基づき他国のサイバー能力に干渉することは合法である (規則 76).

A 国が B 国サーバーに重要なデータを保管する協定を AB 両国間で結んでいた所，B が突然その保管を拒絶した場合，B の行為は条約法上の「重大な条約違反」に該当する．A は B の違反を理由に協定を終了又は中断することができるが，それとは別に A は B に対して事後救済を目的として対抗措置をとることができる (規則 28).

規則 15 で議論した通り，サイバー攻撃がどの国によって行われたのかを特定することは難しい．例えば A 国が B 国のサイバー・インフラを踏み台にして C 国にサイバー攻撃を行ったが，この攻撃は B になりすまして行われたため C は B が攻撃していると信じて B に対して対抗措置をとった場合である．対抗措置は自己のリスク負担でとられるものゆえ，C が誤った判断に基づいて対抗措置をとった場合には C の違法性は阻却されない.

規則 21 (対抗措置の目的)　対抗措置 (性質上サイバーであるか否かを問わない) は，有責国が被害国に対して負う法的義務を有責国に遵守させるためにのみとることができる.

対抗措置の目的は有責国に対して遵守を促すことにあるが，これに限らない．例えば国際武力紛争 (規則 82) 終了直後から，A 国は国内避難民の居所についてデータベースを管理運用していたが，武力紛争法上の義務 (離散家族の再会を容易にする義務) に違反してデータベースの公開を拒絶した場合，B 国は A のネットワークに侵入してデータベース内の情報を持ち出し離散家族の再会のために利用することができる．B の措置は A に対して遵守 (情報の提供) を促す目的ではないものの，同様に対抗措置として認められる.

先制自衛 (規則 71) と同様に先制対抗措置や予防的措置をとることは認められない．例えば A 国が B 国内の反徒に対する支援として B 国政府への暴力を煽るソーシャル・メディアを活用した場合，A の行為は違法な干渉 (規則 66) に該当するが，A がこのソーシャル・メディアを使う前に B が予防的対抗措置をとることは認められない．

サイバー対抗措置は，最も回復が容易な選択肢を必ず選択しなければならない義務はなく，被害国は回復可能なその他の選択肢を選ぶことができる．例えば，事後に回復が可能なDDoS攻撃又はサイバー・インフラの修理を要するサイバー攻撃か複数の選択肢がある場合，被害国は均衡性の要件（規則23）を満たす限りどちらも選択できる．

被害国は，対抗措置の実施を決定したことを有責国に対して通告し交渉を提案しなければならない．但し即時に措置をとる必要のある場合や通告すると対抗措置が無意味になる場合には通告は不要である．例えば，有責国の銀行口座への電子アクセスを阻止するという対抗措置を通告すると，有責国が資金を国外に移転する恐れがある場合である．

被害国と有責国との間の紛争が裁判所（名称は問わない）に係属しており，この裁判所が被害を軽減する保全措置を命じる権限を有している場合には，その係属の間被害国は対抗措置をとることが認められない．また，既に対抗措置をとっている場合に，両国間の紛争が裁判所に係属した場合，被害国はこの措置を中止しなければならない．

規則22（対抗措置に関する制限）　対抗措置（性質上サイバーであるか否かを問わない）は，基本的人権に影響し，禁止された戦時復仇に該当し，又は強行規範に反する行動を含むことはできない．対抗措置をとる国家は，外交上又は領事上の不可侵に関する義務を履行しなければならない．

対抗措置として，強行規範（侵略，ジェノサイド，奴隷化，人種差別，人道に対する罪及び拷問）に反する行動をとることはできない．また，生命に対する権利のように，公の緊急事態や武力紛争の場合でも逸脱が許されない権利についても同様である．但しプライバシー権（規則35）を侵害する対抗措置が許容されるか否かについては合意に至らなかった．

戦時復仇に該当するのは次の場合である．A国は自国傷病兵に対する攻撃をB国から受けたことへの対応として，B国病院をサイバー攻撃（規則92）によって停電させてB国傷病兵の治療を妨害した．このA国による対抗措置は武力紛争法上，違法な戦時復仇（規則108）として禁止される．

強行規範に反する対抗措置は禁止されるため，例えばサイバー手段により伝達されるニュースの内容を操作してジェノサイドを誘発することは許されない．

また，派遣国の外交官が外交特権を濫用した場合でも，受入国は外交上又は領事上の不可侵（規則39及び41）を尊重しなければならないため，受入国が派遣国大使館のコンピュータ・システムにランサムウェアを仕込ませて国際法違反の停止を派遣国に求めることは禁止される．

武力攻撃（規則71）に該当するサイバー対抗措置を行うことは許されない．但し武力攻撃に至らない侵害を受けた被害国が，加害国に対して（武力攻撃に至らない）武力行使に該当するサイバー対抗措置をとることができるかについては意見の一致に至らなかった．

規則23（対抗措置の均衡性）　対抗措置（性質上サイバーであるか否かを問わない）は，対応する被害と均衡のとれたものでなければならない．

「被害」は必ずしも物理的損害ではなくともよいため，例えば武力行使（規則68）の被害国は，物理的損害を被っていない場合でも対抗措置をとることができる．

本規則の均衡性は，自衛権の均衡性（規則72）や武力紛争法の均衡性（規則113）とは区別される．均衡性は必ずしも相互主義を意味しないため，対抗措置は先行違法行為と同種のものである必要はない．また違法なサイバー行動に対してサイバー以外の手段で対抗措置をとることも，反対に非サイバー分野での国際法違反に対してサイバー手段で対抗措置をとることも認められる．

被害国は自国が受けた被害について損害緩和措置をとることを求められない．損害緩和措置をとらなかったことは対抗措置の均衡性に影響しないが，損害緩和措置をとったか否かは回復の問題（規則28）には影響しうる．

対抗措置は，先行違法行為に向けてとらなくともよい．それゆえ，沿岸国が違法なDDoS攻撃を受けた対抗措置として，有責国の船舶に対して自国領海内無害通航を停止することも認められる．

A国がB国内の非国家主体からサイバー攻撃を受けたが，B国はその攻撃を中止させるための実行可能な措置を十分にとらず，相当の注意原則（規則7）に違反した場合，A国は対抗措置をとることができる．但しこの対抗措置の均衡性は，A国が実際に受けた被害によってではなく，むしろB国が適切な措置の実施を怠ったことに照らして判断しなければならない．

規則 24（対抗措置をとる権限を有する国家）　被害国のみが対抗措置（性質上サイバーであるか否かを問わない）をとることができる．

対抗措置をとることができるのは国家のみである．2014 年に北朝鮮によって又は北朝鮮に帰属する者によって攻撃されたと報じられているソニー・ピクチャーズ・エンターテイメント（SPE）は，自らハックバックなどの対抗措置をとることはできない．他方，米国は北朝鮮が主権侵害（規則 4）など国際違法行為（規則 14）を自国に対して行ったと判断した場合，対抗措置をとる権利を有する．仮に SPE が攻撃者に対して反撃を行えば，米国の注意義務違反（規則 6－7）の問題が生じうる．

被害国は企業に対抗措置をとることを任せることができるが，その場合には企業の行動は国家に帰属する（規則 17）．

国家責任条文 48 条１によると，(a)多数国間の軍備管理条約などのように国家集団に対して負う義務，又は(b)国際共同体全体に対して負う義務（規則 30）について国家は他国の違反を援用することができる．但し，直接被害を受けていない国がこれらの義務違反の有責国に対して対抗措置を援用することができるか否かについては合意に至らなかった．

通常，直接の被害国以外の第三国が被害国に代わって対抗措置をとることはできない．第三国が対抗措置をとる被害国に対してハックバックの方法を伝授し，又は有責国のサイバー・インフラに関する脆弱性情報を提供することができるか否かについては合意に至らなかった．

規則 25（対抗措置の第三者に対する影響）　第三国又は第三者に対して負う法的義務に違反する対抗措置（性質上サイバーであるかを問わない）は禁止される．

対抗措置は，第三国又は第三者に対して単に付随的な効果を与えるにとどまる場合には禁止されない．例えば，標的にしか作動しないよう設計されたマルウェアを被害国が有責国のタンカー積み込み設備に仕込んだ所，このマルウェアが無関係のシステムにも感染し地球規模でその感染範囲が拡大した．但し，マルウェアの設計によって第三国のコンピュータ・システムには実害が発生しなかった．自国のシステムにマルウェアが潜伏することで第三国の利益は悪影響を受けているが，第三国の権利は侵害されていないので，この対抗措置は合法である．

被害国は，自国がとった対抗措置によって第三国又は第三者の権利が侵害されている事実を知った時点で対抗措置を終了しなければならない．例えば，被害国はある有責国のネットワークがインターネットに接続されていないものと信じてマルウェアをそのネットワークに仕込んだが，後でネットワークがインターネットに接続されていて第三国にも損害を与える可能性があることを知った場合，直ちにこのマルウェアを不活性化しなければならない．

規則26（緊急避難）　**国家は，根本的な利益に対する重大で差し迫った危険を示す行為（性質上サイバーであるか否かを問わない）への反応として，そうすることが当該利益を守る唯一の手段である場合には，緊急避難を理由として行動することができる．**

「根本的な利益」は基本的に国の利益であるが，例外的に「国際共同体全体の利益」（規則30）が含まれることもある．例えば非国家主体がインターネットでジェノサイドを扇動するような場合である．

緊急避難は，銀行システム，証券取引所，航空機の離発着，鉄道輸送，年金などの社会福祉制度の運用中断，国民の健康を危険にさらす情報の改ざん，環境損害の発生，配電網の遮断，国の食料配給網や防空システムの無力化などに加えて，国の安全保障，経済，公衆衛生，治安又は環境に関係する重要インフラに深刻な被害が生じた場合に援用できる．

非国家主体からサイバー攻撃を受けた被害国が緊急避難の措置をとった所，無関係の他国にその効果が波及した場合，他国の権利を害する結果を生じてもその違法性は阻却される．但し緊急避難の措置によって，他国の根本的な利益に深刻な悪影響を与える場合には援用は認められない．サイバー攻撃の発生源が不明な場合でも，被害国は状況及び潜在的な救済措置を評価する間，緊急避難に基づきサイバー・インフラを遮断することができる．また被害国は，緊急避難に基づきハックバックを行うことも正当化されうる．

危険が差し迫っていると言うためには，それを回避する「最後の好機」（規則

73）でなければならない．例えば非国家主体が自国の重要インフラを攻撃する計画を立てていることが高い確度の情報で判明した場合，被害国は先制的に対応することができる．また被害国は原因行為が終了した後でも，ウィルスが自国内に感染を広げているなど依然として危険が存在している場合にも緊急避難を援用することができる．

武力を用いた緊急避難措置が許されるか否かについては合意に至らなかった．

被害国は緊急避難を援用する前に他国や国際組織からの協力を得られる場合には，まずそれを利用しなければならない．例えば，A国が友好国B内のサイバー・インフラを悪用したサイバー攻撃を受けたが，B国のCERTが高い技術力を備えており攻撃インフラを無害化することができる場合，時間の余裕があり，かつその状況において実行可能である場合には，AはB国CERTによる支援をまずは活用しなければならない．

◆ 第3節　国際違法行為に対する国家の義務

規則27（中止，保証及び確約）　有責国は，サイバー手段によってなされた国際違法行為を中止し，そして適当な場合には，再発防止の保証及び確約を与えなければならない．

再発防止の保証は外交書簡や公式な場での表明などの方法によって行われるが，確約は具体的な措置をとることを意味する．例えば，ある国が相当の注意義務（規則6−7）を怠り，自国に端を発するサイバー行動が他国に有害な結果をもたらした場合，有責国は被害国に対して単なる再発防止の保証にとどまらず，自国のサイバー・インフラの脆弱性に対処するなど技術，運用又は立法上の手段をとることを求められる場合がある．一般的に有責国はどのような措置をとるかについて裁量を有する．

再発防止の保証及び確約を求めることが合理的か否かは，問題となった状況や違反された義務の性質に左右される．仮に友好関係を維持している国家間での出来事であり，違反された義務が技術的で些末なものである場合には，再発防止の保証を求めるのは適当ではないかもしれない．また友好な関係になくとも有責国は日頃から自国のサイバー・インフラを適正に管理しており，過去に違法なサイバー行動を行った例がないような状況では，再発防止の保証を求めるだけで十分であり，それ以上に確約を要求するのは過剰な反応とも受け取れる．

規則 28（回復［一般原則］） 有責国は，サイバー手段によってなされた国際違法行為の結果として，被害国が負った被害に対する十分な回復を行わなければならない．

回復の方法には，原状回復や金銭賠償が含まれる．「被害」には物理的損害と非物理的損害の2つがある．サイバー行動への干渉やデータの喪失によって経済的損失が生じる場合は物理的損害に分類される．インターネットの一時的な切断，又は個人の電子メールデータの喪失程度であれば物理的損害とはみなされない．非物理的損害は，国家の尊厳及び評判を貶めたことにより生じる道義的，政治的及び法的な損害を意味する．例えば政府のホームページに掲載された情報を改ざんして当該政府の信頼を傷つけたような場合である．また相互の諜報禁止について合意していたにもかかわらず，一方の国家機関が他国に対してサイバー諜報を行っていたような場合にも該当する．

間接的な損害は回復の対象とならない．例えば，様々な電子サービスを提供する情報システムポータルがDDoS攻撃を受けたために，電子処方箋が発行されなくなり国民が健康を害した場合には直接的な損害が存在するが，自社の社員が治療の遅延により一時的に体調不良を起こし，その不在の間企業の日常業務が滞っただけでは，直接損害とみなされない．

被害国が回避しえた損害については，回復の対象とならない．例えば，被害国が破壊的なサイバー攻撃を受けた際に，インターネット接続を切断することによって被害の拡大を阻止できたにもかかわらずそれを行わなかった場合である．被害国の過失が損害の発生に寄与した場合にも同様である．但し，被害国は合理的な被害軽減措置をとったつもりが判断を誤っていたため被害を拡大させてしまった場合，被害国の側に過失はないため，有責国は発生したすべての損害について回復をしなければならない．

規則29（回復の方式）　サイバー手段によってなされた国際違法行為の結果として被害国が負った被害に対する回復は，原状回復，金銭賠償及び精神的満足の方式をとりうる．

被害国に対する回復を怠ることは，それ自体が国際違法行為である．原状回復は最も優先される回復の方式であり，それが十分でない場合に他の方式が追求される．原状回復は，通常，国際違法行為の中止と区別されるが，DDoS攻撃のような場合には両者の効果は同じである．

原状回復によって得られる利益と比べて負担が過度である場合には，金銭賠償や精神的満足が回復の方式としてより適切である．例えばA国が自国のサイバー・インフラの利用を一定期間B国に認める条約を結んでいた所，Aは技術上の理由によりこのインフラの改良を余儀なくされた．しかしB国がその改良されたインフラを使い続けるためには法外な費用負担が必要とされた．この場合にBがAのインフラを利用できない状況は，Aの国際違法行為に該当する可能性が高いが，原状回復によりAが負う負担は，原状を維持することで得られるBの利益と比較して著しく均衡を失する．また，破壊されたサイバー・インフラの改修が不可能であるような場合にも，原状回復は要求されない．

金銭賠償は被害国の国民や企業の受けた被害に対しても要求できる．例えばDDoS攻撃によって広告収入を失った場合である．またサイバー攻撃を受けた企業が事業を中断した間，この企業の社員に給付した失業手当や被害復旧に要した費用も同様である．

精神的満足は違反の認定，遺憾の意の表明，公式の陳謝などによって行われる．非物理的損害が発生した状況で原状回復や金銭賠償がなじまない場合に選択されうる．国家の機関が権限を逸脱して（規則15）国際違法行為を行った場合にその者に対して懲戒処分を行うことも精神的満足とみなされうる．国のホームページの改ざん，サイバー行動による主権侵害（規則4），及び外交文書（規則41）のサイバー手段による侵害に対して被害国はこの方式を選ぶことができる．

規則30（国際共同体全体に対して負う義務の違反） すべての国家は，国際共同体全体に対して負う対世的義務に違反するサイバー行動を行った国家の責任を援用することができる．

対世的義務の違反に対して対抗措置を援用することについては規則24を参照のこと．同様の場合に緊急避難を援用することについては規則26を参照のこと．

対世的義務の例として国際司法裁判所の判例で列挙されているのは，侵略，ジェノサイド，奴隷化，人種差別，民族自決権，拷問などである．

すべての国は，国際共同体全体に対して負う対世的義務の違反に対して，中止並びに再発防止の保証及び確約（規則27）を有責国に求めることができる．例えば，ある国がインターネット上で他国におけるジェノサイドを扇動する場合である．他のすべての国は，仮に自国に実害が発生していなくとも，扇動を行った国の国家責任を追及することができる．但し実際に損害を被っていない場合には回復（規則28）を要求することはできない．

◆ 第4節 国際組織の責任

規則31（一般原則） 国際組織は，国際法上の義務に違反し，当該組織に帰属するサイバー行動に対して国際法上の責任を負う．

国際組織の「機関」は，その設立文書によって特定の権限を付与された組織体を指し，国連の総会，安全保障理事会及び国際司法裁判所，NATO北大西洋理事会，ECOWAS閣僚理事会並びに南米南部共同市場（メルコスール）共同市場理事会（CMC）が含まれる．国際組織の職員は，報酬や任期の有無にかかわらず国際組織の指示に従い又はその指揮若しくは命令（規則17）下で行動するすべての個人であり，私人や企業などが該当することもある．

国家の責任（規則15）の場合と同様に，国際組織の機関又は職員が，国際組織から付与された権限を逸脱して行動した場合には，国際組織がその責任を負う．例えば国際組織のPKO部隊（規則78）がルールズ・オブ・エンゲージメントで禁止されたサイバー行動に従事した場合，当該部隊を派遣した国際組織が責任を負う．

国の職員であるIT技術者が国際組織に派遣されていた所，この技術者が第三国に対する国際違法行為を行った場合には，国際組織がその行動に対して実効的支配（規則17）を及ぼしていた場合に限り国際組織がその責任を負う．

国際組織は国家又は他の国際組織の国際違法行為について①支援又は援助を供与，②指揮又は命令，又は③強制した場合に責任を負う（規則18）．例えば国際組織がVSAT設備をある国に供与した所，それが違法な武力行使（規則68）を目的とするインターネット接続に使用された場合，国際組織はその援助について責任を負う．但し被援助国の武力行使の意図について国際組織が了知していない場合には国際組織は責任を負わない．他の例として，A国はB国のコンピュータ・ネットワークに侵入するために国際組織からゼロデイ・エクスプロイトを提供された所，Aはこれを Bの通信インフラを破壊するために使用した．この場合，国際組織による援助とAの国際違法行為との間には明確な因果関係があるため，国際組織は自らが行った援助について責任を負う．

国際組織が受入国（非加盟国）との間でPKO地位協定を締結した際に諜報を行わないことに同意したにもかかわらず，加盟国に対して受入国領域内の諜報を授権した場合，国際組織はその責任を負う（国家間のサイバー諜報（規則32）が禁止されていない場合でも同様である）．国際組織は，国家と別人格であることを理由に，違法なサイバー行動を加盟国に託すことで責任を逃れることはできない．

国家についての違法性阻却事由（規則19）がどの程度国際組織にも妥当するかについては，同意がある場合を除き合意に至らなかった．

◆5◆ それ自体は国際法によって規律されないサイバー行動

規則32（平時のサイバー諜報）　**国家による平時のサイバー諜報はそれ自体は国際法に違反しないが，それを遂行する方法は国際法違反となりうる．**

サイバー諜報は慣習国際法上，禁止されるに至っていない．多くの国は治安機関に対してサイバー諜報の権限を国内法上与えている．国家はサイバー諜報の相互の制限又は禁止に同意することもできる（知的財産権のサイバー窃取の禁止に関する2015年9月米中合意や同年11月16日のG20首脳宣言）.

諜報はその手段に照らして国際法に違反する場合がある．例えばデータ入手を目的として他国領域内のサイバー・インフラにハッキングした所そのインフラの機能が停止した場合，この行為は他国の主権侵害に相当する．サイバー諜報がプライバシー権（規則35）を侵害する場合，沿岸国の領海（規則54）内で海底通信ケーブルを傍受する場合，さらに他国の軍事システムに遠隔から侵入して大量の秘密データを窃取する場合も同様に違法である．国家の指揮又は命令（規則17）で行動する者が諜報目的で他国領域内のコンピュータにUSBメモリを接続することも同様である．

違法行為と不可分である場合にもサイバー諜報は違法とみなされる．例えばA国がB国に国外での軍事作戦を断念させる目的で，B国原子力施設の産業制御システムへのアクセス認証情報をサイバー諜報によって入手し，自らの要求を聞き入れなければ原子力施設を攻撃するとBを脅迫した場合，この脅迫が伝達された時点でAの行為は全体として違法な武力行使の威嚇（規則68）に該当する．他方，事前にサイバー諜報で収集した敵国の防御能力・態勢情報を後に敵国への物理的武力行使に活用する場合，サイバー諜報と武力行使は可分であるためその合法性は個別に判断する．

サイバー諜報と攻撃的サイバー行動は，どちらも初期段階でシステム侵入，マルウェア感染又はフィッシングなど状況が酷似し区別が困難な場合がある．それゆえサイバー諜報の標的国が目下の状況を武力行使（規則68）や武力攻撃（規則71）と見誤る恐れがある．この問題は被害国がとりうる対応について定めた諸要件（規則15及び71）に基づき解決を図ることができる．

国家が自国領域内にハニーポットを構築することは主権の行使であり合法である．A国がシステム破壊能力を持つマルウェアを自国のハニーポットに設置した所，このマルウェアが後にB国システムを破壊した場合，その責任はA国ではなくB国に帰属する（規則15）．マルウェアをB国内に実際に移送したのは諜報目的でA国システムに侵入したB国であるからである．

規則33（非国家主体）　国際法は限られた場合にのみ非国家主体によるサイバー行動を規律する．

国家に帰属しない（規則15及び17）非国家主体のサイバー行動は，どれほど深刻な被害を生じるものであれ，国家の主権を侵害せず（規則4），干渉（規則66）や武力行使（規則68）にも該当しない．これらの違反行為は国家のみがなしうるからである．それゆえ，非国家主体によるサイバー行動の被害国は，対抗措置を援用することはできない．但し被害国は，条件を満たせば緊急避難（規則26）や自衛権（規則71）を援用することができる．

非国家主体は，国家から授権されるか又は国家の代わりに対抗措置をとる場合はあるが（規則15及び17），サイバー攻撃を行う国家に対して反撃しても対抗措置とはみなされない（規則24）．

非国家主体のサイバー行動を規律する法的枠組みは，国家のみが構築することができるが，DNS（ドメイン・ネーミング・システム）など特定の問題を規律する目的でマルチ・ステークホルダー・コミュニティが地球規模で形成され，国家や非国家主体がそこに参加している場合もある．

武力紛争に関係するサイバー行動を非国家主体が行う場合，その行動は武力紛争法（第4部）に服する．特にサイバー行動に従事する組織的武装勢力は非国際武力紛争の当事者（規則83）になりうる．

非国家主体が国際人権法又は武力紛争法に違反するサイバー行動に従事した場合には，国際刑事法に基づく個人の刑事責任が発生する（規則84）．

非国家主体とそのサイバー行動は，常に1又は2以上の国家管轄権に服する（第1部第3章）．

第2部

国際法の特別の体制とサイバー空間

中谷和弘

◆6◆ 国際人権法

規則 34（適用可能性） 国際人権法はサイバー関連活動に適用される．

人々がオフラインの下で有するのと同じ権利がオンラインの下で保護される．国際人権法は出現した時点で，表現の自由に対する権利はあらゆるメディア（サイバーによる表現を含む）に及ぶことが承認された．

国家は自国がコミットした国際人権法の違反に対して責任を負う（規則36(a)）．さらに非国家主体又は他国の活動が国際人権法によって保護されるサイバー活動に従事する個人の能力に干渉する場合には，国家は当該個人が当該権利を行使できるように確保する義務を負う（規則 36(b)）．

人権は慣習国際法上は自然人のみに付与される．例えば，敵対的なサイバー行動が人権組織のウェブサイトに向けられた場合には，問題となりうる人権は当該組織のメンバーの人権であって当該組織自体の人権ではない．

慣習国際人権法の適用範囲は，サイバー活動がどこで発生するかに関わらず，当該国家領域にあるすべての個人に及ぶ．例えば，当該領域に所在する個人の通信が国家によって国外で阻害された場合や国外で電子的に保管された個人のデータに国家がアクセスする場合にも国家の人権法上の義務は及ぶ．

一般原則として，オフラインの場合と同様に，サイバーの文脈において慣習国際人権法は国家が「権能又は実効的支配」を行使する状況においては国家領域を超えて適用される．

物理的支配の行使を含まない国家の措置が「権能又は実効的支配」と位置づけられるかについて，多数意見は領域又は個人に対する物理的支配が必要であるとし，ヴァーチャルな手段による権能又は実効的支配でも人権法上の義務が生じるとすることについては，広範な国家実行もなく法的信念の表明も欠いているため認められないとする．例えば，外国領域内で外国人に向けられたシギントがプライバシーに関する国際人権法上問題となる活動だと考える証拠は乏しい．

国際人権法の条約規定で適用範囲を規定するものは域外適用の問題を規律する．例えば，市民的及び政治的権利に関する国際規約（自由権規約）が域外適用されるかについて議論はあるものの，同条約2条1項がこの問題を規律する．域外適用について規定をおいていない国際人権条約が域外適用されるか否かについては見解は分かれた．

規則35（個人によって享受される権利）　個人は，サイバー関連活動に関して，他で享受するのと同じ国際人権を享受する．

条約及び慣習国際人権法のサイバー関連活動への適用は市民的，政治的，経済的，社会的及び文化的権利を含む．つまりすべての国際人権を含む．サイバーに文脈において特に関連するのは，表現の自由，プライバシー，意見の自由及びデュー・プロセスである．

表現の自由に関して，オンライン・フォーラム，チャットルーム，ソーシャル・メディア及び他のウェブサイトに向けられたサイバー行動は，標的となったウェブサイトが国家や国家の有力者にとって都合の悪い情報を広める場合には，表現の自由の権利を侵害する問題を含む可能性がある．特定のIPアドレスやドメインネームのアクセスの阻止，ウェブサイトのダウン，特定のキーワードを含むページへのアクセスの拒否のためのフィルタリング技術の利用，電子メール送信の妨害等は，規則37に合致しない場合には表現の自由の権利を侵害する．

自由に意見を保持する自由は国際人権法の趣旨及び目的にとって中心的なものであって制限されない．意見は一旦表明されるや規則37に従って国家による制限に服することになる．

プライバシーの恣意的な干渉から逃れる権利はサイバーの文脈において中心的な重要性を有する．この権利は慣習国際法上のものであるが，その正確な範囲は確定されていない．プライバシーの権利は通信の秘密を含む．電子メール等は，機密情報を含むか否かに関わりなく，開けられたり読まれたりすることなく名宛人に送信されなければならない．人間による内容の検査ではなく，アルゴリズム解析による機械検査は一般には正当化される．

国家が単に通信を収集することについては，多数意見では通信の内容にアクセスしない限りはプライバシーの権利の侵害とはならないとする．

通信の秘密とプライバシーの権利に関連して，国家が公開されているウェブサイトの投稿やソーシャル・メディア・サイトにアクセスすることは問題ない．

他方，閉ざされたソーシャル・メディア・グループへの参加条件として「グループ外には通信を共有してはならない」との規約があるのに国家が通信にアクセスした場合には，プライバシーに対する権利の侵害が問題となりうる．

プライバシーに対する権利は一般に個人のパーソナル・データを保護する．国家によるメタデータの収集と調査については，メタデータが個人とリンクし個人の私的な生活に関連する場合には個人データを構成する．例えば，個人のウェブのブラウジングのメタデータに基づいて国家が個人の健康や私的な関係の諸側面を把握することができる場合には，プライバシーに対する権利が問題となりうる．

電子形態の証拠は捜査及び訴追において益々重要となっているが，その押収は国際人権法上の問題を生じうる．例えば，企業のウェブサイトに悪意をもってハッキングしたと疑われる個人の立件のために当該個人の電子通信へのアクセスが認められるか，プライバシーに対する権利は個人のネットワークやオンライン・ストレージの遠隔操作にも及ぶのかが問題となる（国内法でこの点を規定する国家もある）．

経済的・社会的権利に関しては，例えば，インターネット上にある有効な健康情報や健康サービスへのアクセスを阻止する国家のサイバー活動は，健康を享受する権利につき規定する経済的，社会的及び文化的権利に関する国際規約（社会権規約）12条との関連で問題となる．

インターネット上で匿名である権利は国際法上，確立していない．それゆえ匿名性を担保するデバイスや技術へのアクセスを禁止や制限する行動は，現行法の問題としてはそれ自体，国際人権法上必ずしも問題となるものではない．そう指摘した上で，サイバー空間で匿名であることは表現の自由及びプライバシーの権利に影響する．国家がインターネット上での個人による意見表明に氏名の明記を求めることは，表現の自由に対する干渉となりうる．

「インターネットへのアクセス」自体は，慣習国際法上，国際人権ではない．しかしながらインターネットへのアクセスやその使用を制限する国家の措置は国際人権の実施や享受と両立するものでなければならない．国内の騒擾の間，全土においてインターネットへのアクセスを阻止する国家は，規則37の基準を満たさない限り表現の自由に対する権利の侵害となる．

「忘れられる権利」も慣習国際法上存在しない．

規則36（国際人権を尊重し保護する義務）　サイバー活動に関して，国家は，(a)個人の国際人権を尊重しなければならず，また，(b)第三者による濫用から個人の人権を保護しなければならない．

(a)につき，国家は個人がサイバー空間において享受する人権を侵害する活動を慎まなければならない．規則37,38に該当する場合には(a)の違反とはならない．人権尊重義務は，非国家主体によるサイバー活動が国家に帰属する場合には生じる．例えば，ある国家が企業に個人データの収集，保持及び公表を指示した場合，その過程で発生する人権侵害に対して責任を負う．

(b)は国家に対して個人がオンライン上での権利を享受できるよう確保するために必要かつ合理的な行動をとるよう義務づけるものであるが，どのような措置をとるかについては当該国家は裁量を有する．

国外に所在する個人が，国内に所在するサーバーでウェブサイトを運営していたが，他国がサーバーに入り込んでウェブサイトを改竄した場合においては，多数意見では，国家が保護する義務を負うのは当該個人が国家の領域又は国家の実効的支配下にある領域に所在する場合に限られる．

保護する義務には，サイバー空間において開始されたがオフラインにおける人権にも影響しうる人権濫用から個人を保護する義務も含まれる．国家は他者の権利を侵害するサイバー活動を含む行動及び表現を犯罪化することができる．

諸国家には，第三国による人権侵害を防止するために，侵害が発生する合理的な根拠がある場合には，合理的で実行可能な措置をとることが等しく義務づけられる．例えば，国内のある領域内に所在する民族集団が度重なる悪意あるサイバー行動の標的となった場合には，当該国家は同様の悪意ある行動が将来発生しないようにするため，実行可能かつ合理的な措置をとるよう義務づけられる．

インターネットがテロ目的（テロリズムの勧誘，扇動，資金供与）のために用いられた場合，国家はテロが人権に与える壊滅的なインパクトと対峙するため実効的な措置をとる権利及び義務を有する．

国家は，サイバー空間及びサイバー・インフラへのアクセスを確保する義務を，当該アクセスが人権を実行するための唯一の手段である場合（例．オンライン上での選挙が投票の権利を確保する唯一の手段である場合）には負うかについて，コンセンサスに達することはできなかった．

規則37（制限） 絶対的権利を例外として，国際人権を尊重し保護する義務は，正当な目的の達成のために必要であり，無差別的であり，かつ法によって容認された一定の制限に服する．

国際人権法は，国家が他の権利を保護するために及び安全保障と公の秩序を維持するためにある種の人権の享受又は実行を制限することを認めている．

拷問及び奴隷状態からの自由，意見保持の自由は本規則で規定された制限に服さない．

制限は合法的な目的に資する場合にのみ合法である．そのような目的には，他者の権利及び評判，安全保障，公の秩序，公衆衛生及びモラルの保護が含まれる．テロリズムとの対峙は該当するが，政府批判の終了は該当するとは通常いい難い．

国際人権法によって通常保護されるサイバー活動の規制は，国家は裁量の幅を有するものの，「必要な」ものでなければならない．児童ポルノや児童搾取の除去，知的財産権の保護及びジェノサイド扇動の停止のためにオンラインでの表現の自由の実行及びプライバシー権の享受の制限は一般に必要であると考えられる．特定の個人に向けられたものではない電子通信の大量収集は，サーベイランスがプライバシーの権利に対する必要な制限であるとの要件を満たすかどうかが問題となる．

国際人権の制限には必要性に加えて均衡性も要件になるのかにつき，多数意見はこれを肯定する．

ある正当な目的を達成するために必要かつ均衡のとれた措置は，別の目的にとってはそうでないかもしれない．例えば，インターネットへのアクセスを一時停止することは，重要インフラを標的とした広範なサイバー行動を含む安全保障上の緊急事態への反応としては許容されるが，著作権を侵害する内容のインターネット送信や表現の自由によって保護された抗議を妨害するために行うことは許容されない．

制限は無差別的でなければならない．正当な理由なしに特定の民族集団が居住する地域へのインターネットサービスを阻止することや当該地域でのユーザーにより多く課金することは差別的である.

すべての待遇の相違が当然に差別となる訳ではないが，相違には客観的かつ合理的な正当化が必要である．ある特定の民族集団が居住する地域において社会不安と暴力が生じており，ソーシャル・メディアが暴力事件を画策するために用いられている場合には，国家がソーシャル・メディアへのアクセスを制限することは違法な差別にはあたらない.

規制は法によって規定され，正確かつ明確であって，公衆がアクセスできるものでなければならない．例えば，ウェブサイトやブログによる意見表明の自由に対する法律による制限は影響を受ける者が了知するように十分に説明的なものでなければならない.

規則38（逸脱）　国家は，当該条約によって許容され及び条件が確立されている場合には，サイバー行動に関する人権条約上の義務から逸脱することができる.

人権条約の中には緊急事態においては条約上の一定の義務の拘束的な性質から，完全に又は部分的に，一時的に解放されることを認めるものがある．逸脱が許容される正確な条件は当該条約において規定され，例えば自由権規約では4条1項において「国民の生存を脅かす公の緊急事態の場合においてその緊急事態の存在が公式に宣言されているとき」と規定する.

条約からの逸脱規定はサイバー活動に適用される．例えば，国家は，特定の条約の文言に合致する範囲において，表現の自由を含む条項からの逸脱として，緊急事態を悪化させるおそれのあるオンライン上の投稿へのアクセスを阻止又はそれを削除することを必要な限りにおいてなしうる．但し，この場合において，サイバー手段による表現の自由に対する一定の制限は容認されても，すべての表現を阻止することは容認されないかもしれない．また，自由権規約4条1項では，逸脱措置は他の国際法上の義務に抵触してはならず，また人種，皮膚の色，性，言語，宗教又は社会的出身のみを理由とする差別を含んではならない旨，規定する.

◆7◆ 外交及び領事法

規則39（サイバー・インフラが所在する公館の不可侵性）　外交使節団又は領事機関の公館にあるサイバー・インフラは，当該使節団又は機関の不可侵性によって保護される．

外交関係に関するウィーン条約（以下，外交関係条約）及び領事関係に関するウィーン条約（以下，領事関係条約）は実質的に慣習国際法を反映したものである．前者の22条1項は，「使節団の公館は，不可侵とする」旨，規定し，同条3項は，「使節団の公館，公館内にある用具類その他の財産及び使節団の輸送手段は，捜索，徴発，差押え又は強制執行を免除される」と規定する．後者の31条も限定的ではあるが領事機関の公館の不可侵について規定する．

大使館，領事館などの外交使節団又は領事機関の公館に所在するサイバー・インフラへの遠隔からの侵入の合法性について，多数意見は，本規則によって禁止されるとし，この結論は更に規則40によっても支持されるとする．またこのような侵入は規則41にも違反しうる．

接受国以外の国家が外交使節団又は領事機関の公館の不可侵性を尊重する義務があるか．A国がC国に所在するB国の大使館にあるサイバー・インフラからデータを抽出するサイバー行動が本規則に違反するか否かについて，見解は分かれた．

極端な場合には，接受国は自衛として公館又は公館にあるサイバー・インフラに対して行動をとりうる（規則71）．例えば，派遣国による武力攻撃に供する目的で，当該サイバー・インフラが接受国の軍隊の重要な情報を伝達するため用いられる場合には，接受国は当該サイバー・インフラに対するサイバー行動をとれる．

大使館から持ち出された公的な携帯電話や携帯用パソコンも本規則の下での不可侵性を享受するというのが多数意見である．

米国がイランやシリアに設置した実館なき「ヴァーチャル大使館」やエストニアが友好国にあるサーバーに重要な政府データのバックアップをおく「データ大使館」自体は，外交使節団の公館の要件を満たしていないが，「ヴァーチャル大使館」や「データ大使館」が依拠するサイバー・インフラが実館内に所在する場合には，本規則の保護対象となる．

外交公館の不可侵性は，大使館のフェイスブック等のオンライン上の存在には及ばない．

規則40（サイバー・インフラを保護する義務）　**接受国は，派遣国の外交使節団又は領事機関の公館にあるサイバー・インフラを侵入又は損壊から保護するためにあらゆる適当な措置をとらなければならない．**

外交関係条約22条2項及び領事関係条約31条3項は，接受国は公館の侵入・損壊からの保護のため，また公館の安寧の妨害や威厳の侵害の防止のため，適当なすべての措置をとる特別の責務を有する旨，規定する．大使館内にあるサイバー・インフラがサイバー攻撃の標的となっている場合には，接受国はそれを終了させるため，派遣国に攻撃を通知することを含めあらゆる合理的な努力をすることを要し，また当該施設がサイバー攻撃の標的になるとの情報を得た場合には，接受国は攻撃を防止するため均衡性のとれた適当な法執行その他の措置をとらなければならない．接受国は具体的にどのような措置をとるかの裁量を有する．

接受国が自国領域内にある公館の保護のために他国に支援を求める義務があるか否かについては，外交・領事法上そのような義務はないというのが多数意見である．また，接受国は，特定のサイバー攻撃の脅威を了知しない限り，公館及びその中にあるサイバー・インフラを保護するための予防措置をとる義務を負わない．

派遣国の外交使節団又は領事機関の批判が単にオンライン上で表明されている場合に，接受国は本規則の下での措置をとる義務を追わない．

規則41（電子的な公文書，書類及び通信の不可侵性）　**外交使節団又は領事機関の電子的な形態の公文書，書類及び公用通信は，不可侵である．**

外交関係条約24条と27条2項，領事関係条約33条と35条2項は外交使節団又は領事機関の電子形態を含む公文書，書類及び公用通信に広範な不可侵性を付与している．「不可侵性」とは，これらの物が押収，サイバー諜報（規則32

参照)，執行，訴訟又は国家による他の形態の介入を免れることを意味する．

「公文書」には外部ハード・ドライブ，フラッシュ・ドライブ及び電子文書が保管される他のメディアを含む．「書類」には電子形態での最終資料のみならず関連草案や交渉文書等も含む．「公用通信」には電子メール，デマルシュ，ケーブル等を含む．

電子メール又はオンラインによる外交使節団又は領事機関へのビザ等の私的な申請が本規則によって保護される公文書等に該当するか．多数意見は，これらの場合に不可侵性を拡大することは外交領事法の趣旨及び目的と両立するというものである．

不可侵性はさらに外交使節の私的なペーパーや通信にも及ぶ（外交関係条約30条2項）が，領事のそれには及ばない．

不可侵性は「いずれの時及びいずれの場所においても」付与される（外交関係条約24条，領事関係条約33条）ため，電子文書は接受国の外に所在する場合（例えば派遣国の外務省のサーバーや私的なメール・サーバーやクラウド施設に所在する場合）でも不可侵である．

接受国のみならずすべての国家が通過中の公用通信に対して「接受国が与えるべき自由及び保護と同様の自由及び保護」を与えなければならない（外交関係条約40条3項，領事関係条約54条3項）ため，接受国も第三国も通過中の公用通信を傍受することは禁止される．通過中ではなく当該書類等が私的なクラウド・サーバーに保管されている場合にも第三国は不可侵性を尊重しなければならないか．多数意見では「通過中」のものではないとしてこれを否定する．

第三国による公用通信の傍受禁止の対象は外交使節団と派遣国間の通信に限定されるか，他の通信も含むかにつき，多数意見では公用通信が享受する広範な不可侵ゆえ他の通信も含むとする．

現実には接受国による派遣国の外交通信の閲覧や盗聴設備の設置が多数なされているが，派遣国はそのような閲覧を国際法違反だとして抗議し続けてきたため，そのような閲覧を合法とする法的信念は形成されて来なかった．

これらの公文書，書類及び公用通信は，盗まれ又は第三者によって取得された後に不可侵を尊重する義務を有する国家によって取得された場合にも，不可侵性を保持する．

ウィキリークス事件のように第三者によって取得された後，インターネットで公開された外交文書については，情報の秘密性を確保するという本規則の趣旨・目的が損なわれたために本規則は適用されないというのが多数意見である．

規則42（自由な通信）　接受国は，すべての公の目的のための外交使節団又は領事機関の自由なサイバー通信を認め，これを保護しなければならない．

本規則は外交関係条約27条1項及び領事関係条約35条1項に基づくものである．領事機関は自国民と自由に通信できるため，接受国は公の領事問題に関する領事機関と派遣国民との間の電子メールの通信に干渉してはならない．

接受国は外交使節団又は領事機関のウェブサイト（接受国内の自国民に重要な情報を伝達するのに用いられる）へのアクセスに干渉したり，外交使節団又は領事機関のインターネット接続を中断したり遅らせたり，その携帯電話や他の通信機器を阻止したりそれに干渉したりしてはならない．「許可」という用語は，派遣国が接受国にサイバー通信に従事するために承認を求めなければならないことを意味するものではない．

接受国はさらに外交使節団又は領事機関の通信を他者による中断から「保護」する義務も負う．接受国は当該保護のため「あらゆる適当な手段」をとらなければならない．サイバー・インフラを保護する義務は絶対的なものではなく，サイバー通信を脅威にさらす危険と比例したものである．

接受国の当局は派遣国のサイバー通信が妨害されていると知った場合には，障壁を終了させるため適当な措置をとらなければならない．接受国はまた自国領域で発生した外交サイバー通信（他国によるものも含む）の妨害を中止するため当該措置をとることが義務づけられる．

接受国が「許可」及び「保護」する義務は「公的な」サイバー通信に限定される．外交使節団の私的な電子メール・アカウントによる私的な通信の保護は接受国には義務づけられない．もっとも公的な任務とそうでない任務との区別は特に広報外交においては難しい．

外交使節団がウェブサイトやソーシャル・メディア・アカウントを開設することは，外交関係条約41条2項が接受国の外務省（又は合意された他の省庁）との公の関係を通じて行わなければならないと規定するため，接受国によって禁止され得るか．この点については，同項の要件は接受国内でどこが派遣国と接受国の間の公的なビジネスの連絡先かを明確にするためのものに過ぎないため，禁止されない．

規則 43（公館の使用及び職員の活動）　(a)外交使節団又は領事機関の公館は，外交又は領事任務と両立しないサイバー活動に従事するために使用されてはならない．(b)外交官及び領事官は，接受国の国内問題に介入し又は接受国の法令と両立しないサイバー活動に従事してはならない．

本規則は外交関係条約 41 条 3 項及び領事関係条約 55 条 2 項に基づくものである．外交使節団の任務は外交関係条約 3 条に，領事機関の任務は領事関係条約 5 条に例示されている．

派遣国は自国の外交使節団の公館を接受国に対するサイバー諜報に従事させるために用いてはならない．外交使節団のサイバー・インフラを電子商取引のような商業活動に従事するため用いることは外交任務としての資格を満たさない．

派遣国が接受国の同意なしに外交使節団又は領事機関の公館を第三国へのサイバー諜報の基地として用いることは許容されるか．多数意見は外交任務に反するゆえ(a)によって禁止されるとする．

(b)に関しては，例えば外交使節が接受国内でオンライン上での知的財産権の海賊行為に従事した場合には，接受国の法令に違反するため，(b)の違反となる．また，外交使節団は接受国政府の除去を企てたり「政治キャンペーン」に参加したりするためにソーシャル・メディアを使用してはならない．他方，接受国は派遣国や自国民の利益を保護するためサイバー活動に従事することは認められる．例えば，派遣国は自国民が違法又は不当に拘留されたとして自国民の解放を促すためソーシャル・メディアを使用することができる．

外交関係条約 27 条 1 項及び領事関係条約 35 条 1 項は，外交使節団及び領事機関は接受国の同意に基づいてのみ「無線送信機」(wireless transmitter) を設置及び使用できる旨規定する．両条約の起草時には無線送信機は主に無線電信 (radio) の送信のために用いられた．新たな形態の無線技術に関しても接受国の同意を必要とすると解すべきである．その使用が接受国における無線通信に有害な混信を引き起こす可能性のあるすべての無線通信設備（例．通信衛星）の設置が含まれうる．

規則44（外交官及び領事官の特権及び免除）　外交官及び領事官は，刑事，民事及び行政裁判権からの免除を享有する限度において，サイバー活動に関する免除を享有する．

本規則は外交使節団及び領事官が享有する免除について規定する．免除は常に派遣国によって放棄されうる（外交関係条約32条1項，領事関係条約45条1項）．

外交使節団は，接受国の国内法においてサイバー犯罪となる行動を接受国所在中に行っても，接受国の刑事裁判権からの免除を享有する（外交関係条約31条1項）．外交使節団はまた逮捕を免れ，証人として証言を行う義務を負わない（同29条，31条2項）．

また，外交使節団は，サイバー活動に関して民事及び行政裁判権からの免除を享有するが，自己の公の任務の範囲外で行う職業活動又は商業活動等，一定の例外はある（外交関係条約31条1項）．それゆえ，外交官が個人ビジネスとしてオンライン上で行った商品の販売については，民事又は行政裁判権を免れない．

領事官が享有する刑事及び民事裁判権からの免除はより限定的である（領事関係条約41,43,44条）．

◆8◆ 海洋法

規則45（公海におけるサイバー行動）　公海におけるサイバー行動は，国際法上別段の規定がない限り，平和的目的のためにのみなされうる．

国連海洋法条約88条（慣習国際法となっている）により公海は「平和的目的」に留保される．公海の自由からサイバー行動は除外されるものではなく，船舶及び航空機は公海及びその上空においてサイバー行動を行うことが認められるが，他国の権利に妥当な考慮を払わなければならない．

軍事的なサイバー行動それ自体は本規則に違反するものではない．但し軍事活動を禁止する南極条約体制のように特定の条約上のコミットメントに違反す

を害しない限り，無害とされる」とした上で2項において「外国船舶の通航は，当該外国船舶が領海において次の活動のいずれかに従事する場合には，沿岸国の平和，秩序又は安全を害するものとされる」として(a)〜(l)を挙げる．次に該当するサイバー活動は航行を無害でないものとすると考えられる．①沿岸国に対するサイバー手段による違法な武力による威嚇又は武力の行使，②サイバー兵器を用いた訓練又は演習，③沿岸国の防衛又は安全を害する情報の収集を目的とするサイバー活動，④沿岸国の防衛又は安全に影響を与えるサイバー手段によって流布された宣伝行為，⑤サイバー行動に従事し又はそれを実行できる航空機又は他の軍事装置の発着又は積込み，⑥サイバー手段によるものを含む調査活動又は測量活動，⑦沿岸国の通信系又は他の施設への妨害を目的とするサイバー行動，⑧通航に直接の関連を有しないその他のサイバー活動．これらは網羅的なリストではなく，例えば，沿岸国によって通信が妨害されている反徒集団に無線アクセス・ポイントを供与することは，沿岸国の安全を脅かすものであって禁止される．

無害航行中の船舶による無線ネットワークのパッシブ・アセスメントについては，その受動的な性質ゆえ無害通航体制と両立する．第三国又は第三国に所在する私人に向けられたサイバー行動については，多数意見では，無害通航権と両立せず沿岸国の良き秩序を害するものであるとする．

無害通航に従事する船舶は，沿岸国の平和，秩序又は安全を害しない限り，安全及び安全保障を確保するために必要なサイバー活動を行うことができる．

主権免除を欠く船舶に対して沿岸国はサイバー活動による航行の安全について法令を採択できる．他方，軍艦のように主権免除を有する船舶が無害通航権と両立しないサイバー行動に従事している場合には，沿岸国がとりうる措置は当該船舶に直ちに退去するよう「要求」することである（条約30条）．この「要求」には最終的には実力行使も含まれるため，沿岸国が強制的なサイバー行動を用いて退去させることも許容される．

規則49（武力紛争中の領海におけるサイバー行動）　国際武力紛争中には，中立の沿岸国は自国の領海におけるサイバー行動に関して交戦者を差別してはならない．

海戦中立条約5条は「交戦者は，中立の港及び領水を以って敵に対する海軍作戦根拠地となすことを得ず」と規定するが，中立の沿岸国は交戦国の軍艦が領海を単に通過することを許可することができる（10条）．中立国は通航に関して条件や制限を課すことができるが，すべての交戦者の軍艦に平等に適用しなければならない（9条）．単なる通過の間に軍艦は武力紛争に関連した活動に従事することはできないため，敵国に対するサイバー行動はできない．逆に敵国の軍艦が中立国の領海を通航中にサイバー行動をしかけることもできない．

規則 50（領海における外国船舶に対する管轄権の行使）　沿岸国は，次の場合にはサイバー行動を含む犯罪行為に関して領海にある船舶に乗船して執行管轄権を行使することができる．犯罪の結果が当該沿岸国に及ぶ場合，犯罪が当該沿岸国の公の秩序及び安全又は領海の善良な秩序を脅かす種類のものである場合，当該船舶の船長若しくは旗国が当該沿岸国の当局の支援を求めた場合又は麻薬売買に対抗するため必要である場合．

本規則は国連海洋法条約 27 条（慣習国際法になっている）に基づくものである．

サイバー行動が沿岸国の刑事法に違反する場合（例．船上から沿岸国に向けてなされた沿岸国の国内法に違反する DDoS 攻撃）には，沿岸国は領海にある船舶に乗船して執行管轄権を行使できる．結果の重大性如何に関わりなく沿岸国は執行管轄権を行使できるというのが多数意見である．

領海にある外国船舶からのサイバー行動が広範な影響を及ぼし沿岸国を混乱させる場合に沿岸国は当該船舶に対して執行管轄権を行使できる．「領海の善良な秩序」の違反には領海における他の船舶の航法システムを妨害するためサイバー手段を用いることや安全な航海のために必要な船舶と海岸の通信局との間の通信を妨害することが含まれうる．

違法な麻薬売買に関連したサイバー活動も領海内にある外国船舶に対する刑事執行管轄権行使の根拠となる．当該船舶が麻薬の違法な運搬のために用いられていることを示す通信を確認した場合には，沿岸国は当該船舶の停止を容易にするためサイバー手段を用いうる．

船舶が領海に入る前に犯したサイバー活動を含む犯罪に関しては，沿岸国は執行管轄権を行使することは原則としてできない．

刑事執行管轄権とは異なり，沿岸国は領海を通航する外国船舶によるサイバー活動に対する民事執行管轄権を行使するために，当該船舶を停止させ又は航路を変更させることはできない（国連海洋法条約28条1項）.

本規則は沿岸国と旗国の間で受け入れられた相互的な条約上の権利義務の適用を妨げるものではない．また，領海におけるサイバー行動は，国連憲章第7章の下での授権又は容認があれば（そうでなければ無害通航の違反となる場合でも）許容されうる.

規則51（接続水域におけるサイバー行動）　沿岸国の接続水域に所在する船舶に関して，沿岸国は，自国の領土又は領海内での財政上，出入国管理上，衛生上又は通関上の法律の違反（サイバー手段によってなされた違反を含む）を防止し又は違反に対処するため，サイバー手段を用いることができる.

本規則は国連海洋法条約33条に基づくものである.

船舶が接続水域において財政上，出入国管理上，衛生上又は通関上の法律の違反をした場合には，沿岸国は当該船舶が接続水域外に出るのを阻止して捜査及び訴追のために港湾に戻すことができる．阻止行動の一部としてサイバー手段を用いることもできる（例．サイバー手段により違反船舶の動きをコントロールして法執行船舶に近づけさせる）.

また沿岸国はサイバー手段を用いて，接続水域にある船舶が当該違反を犯さないよう警告を発し違反を防止する権限を有する.

規則52（国際海峡におけるサイバー行動）　国際航行に使用される海峡におけるサイバー行動は，通過通航権と両立するものでなければならない.

本規則は国連海洋法条約37条以下（慣習国際法を反映）に基づくものである．無害通航とは違って通過通航は沿岸国によって停止されえず，また潜水艦は国際海峡の海面上を航行する必要はなく，航空機は国際海峡上空を飛行することができる.

国際海峡における船舶及び航空機は，通過通航レジームと両立しないサイバー活動に従事している場合には通過通航権を主張できない．例えば，近接国からのサイバー通信の空挺による諜報収集やサイバー手段による反政府プロパガンダの近接国への伝達は，通過通航レジームとは両立しない．

通過通航に従事する船舶及び航空機は，安全及び安全保障を確保するため必要なサイバー活動を行うことができる．

通過通航中の船舶又は航空機は，海峡に接する国家のすべての法令に従う必要はないものの，航海の安全，汚染の規制，漁業活動，財政・出入国管理・衛生・通関に関する法令は別である．当該法令は航海の安全の指示を伝達したり，海峡通過の交通を規制したりするためにサイバー活動を対象にすることがありうる．海峡を通過するすべての船舶及び航空機はそれらに従わなければならない．

主権免除を享有する船舶及び航空機が通過通航中に沿岸国の法令に違反するサイバー活動を行った場合には，沿岸国は執行管轄権を主張できない（規則9）．沿岸国がなしうるのは，違反活動をやめ海峡から退去するよう要求することである．

規則53（群島水域におけるサイバー行動）　群島水域におけるサイバー行動は，そこに適用される法制度と両立するものでなければならない．

本規定はフィリピンやインドネシアのような群島国家に関する規定であり，国連海洋法条約46条以下に基づくものである．

指定された群島航路帯にある船舶又は航空機によるサイバー活動は，群島航路帯通航レジームと両立するものでなければならない．本規則の目的上，群島航路帯通航は実質的には通過通航と類似する．

群島航路帯通航に従事する船舶及び航空機は，安全及び安全保障を確保するため必要なサイバー活動をとることができる．

規則54（海底通信ケーブル）　海底ケーブルに適用可能な国際法の規則及び原則は，海底通信ケーブルに適用される．

国連海洋法条約112条及び113条において規定された海底ケーブル（海底通信ケーブルを含む）に関する規定は慣習国際法を反映するものである．

沿岸国による領域主権の享受は領海の海底に敷設された海底通信ケーブルに

も及ぶ．この意味において海底通信ケーブルは陸域に所在するサイバー・インフラ（規則2）と同様に扱われ得る．それゆえ領海においては，国家は海底通信ケーブルを敷設，維持，修理及び交換し，また保護に関して法令を採択する権利を有する．当該法令は無害通航を侵害する規制を課してはならない．同様に，沿岸国は国際海峡においては通過通航を侵害しない限度において海底通信ケーブルに関する活動を規制できる．

国家は他国の排他的経済水域及び大陸棚において海底通信ケーブルを敷設できるが，沿岸国の権利及び義務に妥当な考慮を払わなければならない．大陸棚におけるパイプラインの経路は沿岸国の同意に服することになるが（国連海洋法条約79条3項），この要件は大陸棚における海底ケーブルには適用されない．

沿岸国は大陸棚における海底ケーブルの敷設又は維持を妨げることができないが，大陸棚の探査やその天然資源の開発のために合理的な措置をとることはできる（国連海洋法条約79条2項）．海底通信ケーブルの敷設を不可能にする又は敷設コストを不均衡に増加させるような措置は不合理であり，また差別的性質の措置や天然資源の探査・開発に関する沿岸国の主権的権利と無関係な措置も不合理である．

国家は大陸棚を超えた公海において海底通信ケーブルを敷設する慣習法上の権利を有する．

国連海洋法条約にはケーブルの交換の規定は群島水域に関する51条2項しかないが，多数意見では国家はすべてのケーブルを交換する権利を有する．

沿岸国は投錨，底引，砂利採掘のような海底通信ケーブルの保全を損ない得る行為を規制するケーブル保護ゾーンを設置できるか否かは未解決である．オーストラリアとニュージーランドは当該ゾーンを設けている．

国家によるケーブルに損害を加える行為は慣習国際法上禁止される．というのはそのような行為は海底ケーブルを規律する法の趣旨及び目的に反するからである．国家に当該ケーブルを敷設する権利を付与しながら他国にそれを尊重するよう対応する義務を規定しないことはつじつまがあわない．それゆえ海洋法は，緊張時に大陸間のインターネット通信を減少させるために他国の海底光ファイバーケーブルを切断する法的根拠を供与するものではない．

軍艦又は犯罪審査のために派遣された公船の船長はケーブルを切断したとの疑いのある船舶に対して船籍を証明する公文書を要求できる（海底電信線保護万国連合条約10条）．

海底通信ケーブルを通って伝達されるデータの傍受について，潜水艦又は無人水中機を領海又は群島水域での傍受のために使用することは無害通航の航海レジームとは両立しないが，主権の侵害にはならない．傍受中に意図せざる損害が生じた場合，海底ケーブルに損害を与えることを禁止する義務の違反になるかについては見解は分かれたが，多数意見は海底ケーブルの特別の法制度の存在ゆえ，傍受を行う国家は自らのリスクでそれを行うとの結論を支持する．沿岸国もケーブル敷設国もケーブルへの損害に対して規則を制定する責任を有する．

◆9◆ 航 空 法

規則55（国家の空域においてサイバー行動を行う航空機の管理）　国家は，その空域において，航空機の行動（サイバー行動を行うものを含む）を規律することができる．

本規則は国家は領空において完全かつ排他的な主権を有する旨，規定する国際民間航空条約（シカゴ条約）1条（慣習国際法になっている）に基づくものである．領海を通過する外国船舶とは異なり，領空を通過する外国航空機には無害通航権はない．領空を飛行する間にサイバー行動に従事する航空機は本規則の完全な適用に服することとなる．

国家は軍事上の必要又は公共の安全のため，航空機が自国領域内の一定の区域の上空を飛行することを航空機の国籍による差別をしないことを条件として，一律に制限又は禁止できる（同条約9条）．それゆえ国家は，航空機からのサイバー行動の可能性を排除するために民間航空機による軍事的に機微な施設や内戦地帯の上空通過を禁止することが許容される．

ある国家の領空を飛行中の民間航空機は下土国の完全な管轄権に服する．登録国の民間航空機が下土国の許可を得ず法令に違反してWiFiにハッキングしたり携帯電話を盗聴した場合，下土国は刑事法違反の管轄権に服せしめるため当該航空機の着陸を命令することができる．

定期国際航空輸送業務に従事していない民間航空機（チャーター便）は下土国

の事前の許可なしにその領空を通過することができるが，同条約5条は下土国は航空機の着陸要求又は当該行為の終了を要求できる旨，規定する．民間航空機によるサイバー行動の場合にも着陸命令の権限は適用される．

下土国は，外国の軍用航空機の自国領空の通過を許可する場合において，例えば飛行とは無関係のサイバー行動を禁止するといった，上空通過の条件を設定することができる．

ある国家の航空機が他国の領空においてサイバー行動を行っている場合又はその信じるに足りる兆候がある場合において，下土国の許可なしに領空に入った，許可条件に違反した又は法令に違反してサイバー行動を行ったならば，下土国は航空機に当該行動を中止し遅滞なく領空外に出るよう要求できる．

国家の航空機が武力攻撃の水準に至るサイバー行動を行っている場合には，下土国は自衛権の行使が可能である．多数意見では，サイバー行動を行っている軍用航空機の存在自体が主権の明白な侵害であるため，武力攻撃が切迫していると下土国が結論づける合理的な根拠がある場合にも下土国による武力の行使が可能である．

サイバー行動を行ったりインターネットへの接続を行ったりする無人航空機，バルーン又は他の飛行物体は，下土国の許可なしには飛行又は設置することはできない（自衛又は安保理決議に基づく場合は除く）．

規則56（国際空域におけるサイバー行動）　国際法に含まれる制限の下に，国家は，国際空域においてサイバー行動を行うことができる．

本規則は慣習国際法を反映するものであり，国際民間航空条約及び国連海洋法条約の諸規定によって支持されている．

国家は領空外の国際空域においてサイバー行動を他国の同意を要することなく自由にできる．

防空識別圏（ADIZ）のように領空外での行動を規制する一定の権限があると主張する国家もあるが，航空機は公海上空において合法ないかなるサイバー行動もとることができる．

国際海峡上空を通過する航空機は国連海洋法条約39条で規定された通過通航の規定を，群島水域上空を通過する航空機は同条約53条で規定された群島航路帯通航の規定を，遵守しなければならない．海峡沿岸国や群島水域国に対するサイバー行動に従事してはならないが，航行データや気象データの送信のような航空機の「通常の態様」の運航を構成するサイバー行動は継続できる．

サイバー行動を行う民間航空機は国際空域を自由に飛行できるが，航空管制の指示に従わなければならない．国際民間航空機関（ICAO）は各国に飛行情報区（FIR）内での航空管制を行うよう指定する．そのため，サイバー通信を容易にするため当初計画された飛行ルートがあっても，航空管制官が安全上の考慮に基づき変更するよう指示することはありうる．

防空識別圏においてサイバー行動をしないことを入域の条件とすることは理論上ありうるが，そのような条件付は公海上空飛行の自由を否定するものであってはならず，特に単に防空識別圏を飛行して国際空域を通過するだけの航空機に対して国家はいかなる規制も課してはならない．

規則57（国際民間航空の安全を阻害するサイバー行動）　国家は，国際民間航空の安全を阻害するサイバー行動を行うことができない．

「国家は民間航空機の安全に妥当な考慮を払わなければならない」旨規定する国際民間航空条約3条(d)及び「国家は飛行中の航空機に対して兵器の使用を控えなければならない」旨規定する同条約3条の2は，慣習国際法を反映したものである．

3条の2でいう「兵器」にはサイバー兵器も含むと解せられる．サイバー兵器は物理的に破壊的である必要はないが，標的（航空機が依拠するアビオニクス及び他のシステムを含む）の機能を喪失する結果を生じさせる場合には兵器として性格づけられる．国家は，自衛のような国際法上特に容認された場合を除き，民間航空を危険にするサイバー行動に従事してはならない．

同条約3条の2(d)及び4条は国家が同条約と両立しない目的のために民間航空機を用いることを禁止する．慣習国際法として確立しているこの規定は，サイバー行動が民間航空を危険にする場合には，サイバー行動のために国家が民間航空機を用いることを禁止する．

民間航空不法行為防止条約（モントリオール条約）は，国際民間航空の安全を脅かす国内法上処罰すべき行為を挙げている．これらの行為にはサイバー行動も含まれる．

◆10◆ 宇 宙 法

規則 58（平和的目的及び武力の行使）　(a)月及び他の天体におけるサイバー行動は，平和的目的のためにのみ行われうる．(b)宇宙空間におけるサイバー行動は，武力の行使に関する国際法の制限に服する．

本規則(a)は宇宙条約 4 条に基づくものである．同条では，科学的研究その他の平和的目的のために軍の要員を使用することや月その他の天体の平和的探査のために必要な装備又は施設を使用することを禁止しないため，月その他の天体における通信，研究又は観測施設の確立といった活動に関連したサイバー行動は合法である．

本規則(b)は 3 条に基づくものである．同条に関連して，宇宙空間において発生，宇宙空間を通過又は宇宙空間において終了し，違法な武力による威嚇又は武力の行使の水準に達するあらゆるサイバー行動は禁止される．但し，国連憲章第 7 章の下での安保理によって容認された行動や自衛権の行使は宇宙空間においても認められるため，例えば，武力攻撃を容易にするために用いられている衛星やその地上局に対して，武力行使のレベルでのサイバー行動をとることは合法である．当該行動によって創出されうるスペース・デブリの量にも特別の考慮が払われなければならない．

同条約 4 条や前文に現れる「平和的目的」の概念については，宇宙時代の当初から宇宙空間は偵察や監視といった軍事目的のために用いられてきたことや，宇宙技術の多くは軍事・民生両用の性質を有することに鑑みると，「非軍事」と解釈されるべきではない．

敵対行為は発生していないものの緊張関係にある二国間において，一方の国家がサイバー行動を行い，結果として他方の国家の軍事衛星からの偵察データを阻止することになった場合，本規則の違反ではないが，規則 59(b)に違反する干渉となりうる．

規則59（宇宙活動に対する尊重）　(a)国家は，登録国の登録簿に記載された宇宙物体に対する登録国の管轄権及び管理を行使する権利を尊重しなければならない．(b)国家は，宇宙空間でのサイバー行動については，他国の平和的な宇宙活動への干渉を回避する必要性に妥当な考慮を払わなければならない．

本規則(a)は，宇宙物体の登録国が管轄権及び管理の権限を有する旨規定する宇宙条約8条に基づくものである．サイバー活動のため多くの国家及び企業によって用いられている通信衛星について，登録国はその使用について法令を制定し，その違反に関して執行及び適当な場合にはサイバー行動をとる権限を有する．

他国は登録国の管轄権を尊重しなければならない．国家は自国の国内法を執行するために他国において登録された宇宙物体に対してサイバー行動を行ってはならない．

登録国以外の国家もまた宇宙物体に関する活動や宇宙物体に所在する人に対して管轄権を有する場合がある（例えば，他国で登録された衛星に関わる行動が，自国企業への経済的諜報のように，自国領域に有害な影響を及ぼす場合）．

本規則(b)は宇宙活動を行う国は他国の対応する利益に妥当な考慮を払わなければならない旨規定する宇宙条約9条（慣習国際法になっている）に基づくものである．衛星にパワー・スパイクを生じさせることを計画したサイバー兵器の実験が他国の衛星や宇宙船を危険にさらすデブリを生じさせる場合には，宇宙活動に対して他国が享受する権利を侵害することとなる．

サイバー活動が宇宙空間において又は宇宙空間を通じてなされる場合には，国家はサイバー活動が宇宙飛行士に与えるインパクト及び宇宙飛行士がその生存に依拠する装置について考慮しなければならない．

規則60（監督及び責任）　(a)国家は，非政府団体の「宇宙空間におけるサイバー活動」を許可及び監督しなければならない．(b)宇宙物体に関するサイバー行動は，宇宙法の責任制度に服する．

本規則(a)は，国家は宇宙活動については非政府団体によるものも含めて国際的責任を有し，また宇宙空間における非政府団体による活動には関係国の許可及び継続的監督を必要とする旨規定する宇宙条約6条に基づくものである．

「宇宙空間におけるサイバー活動」とは，サイバー通信のための宇宙空間のサイバー・インフラの単なる利用又は単に宇宙空間を通過する他の活動以上のものを含む．例えば，電気通信企業が宇宙空間に通信衛星を打ち上げた場合には本規則の意味での宇宙空間における活動は発生したといえる．当該企業が登録及び所在している国家は当該衛星の運用につき許可し，継続的監督を行わなければならない．

本規則(b)に関して，宇宙条約7条は打上げ国がその宇宙物体によって引き起こされた損害に対して他国及びその自然人と法人に対して国際的に責任を負う旨を規定し，さらに宇宙損害責任条約2条が打上げ国による補償の支払につき無過失責任レジームを規定する．

ある国家が意図的に打上げ国の宇宙物体に対してサイバー行動を行い，それが地上に墜落した場合については，第1に，請求国の重大な過失又は意図的な行為により損害の全部又は一部が引き起こされた場合には，宇宙損害責任条約6条により打上げ国に対する請求が妨げられる．第2に，打上げ国Aの衛星に対してB国がサイバー行動を実施した結果，衛星が軌道を逸脱してC国の領域に損害を与えた場合には，C国はB国の行動が軌道逸脱を生じさせたことを知っていたとしてもA国に対して宇宙損害責任条約又は宇宙条約の下での請求ができるが，A国はこれとは別に宇宙条約6条に基づいてB国に対して請求をするかもしれない．

宇宙損害責任条約3条は宇宙空間における他の宇宙物体に対する損害については無過失責任ではなく過失責任となる旨を規定する．A国がB国の通信衛星の管理システムの地上局に対してサイバー行動を行ったため，衛星の軌道に変更が生じてC国の衛星に衝突した場合，B国は過失がないため責任を負わない．他方，打上げ国が自国の衛星の搭載システムの更新を実施したが，搭載前にソフトウェアのテストが不十分であったため，軌道パラメーターの変更を生じ他国の宇宙物体に衝突した場合には，システム更新のテストを行わなかったことは不作為の過失となるため，打上げ国は引き起こされた損害に対して責任を負う．

「損害」は，宇宙損害責任条約1条(a)において「人の死亡若しくは身体の傷害その他の健康の障害又は国，自然人，法人若しくは国際的な政府間機関の財産の滅失若しくは損傷をいう」と定義される．「損害」は，宇宙物体に搭載されたデータの削除又は変更には及ばない（当該削除又は変更が上記の結果を生じない限り），また宇宙物体の使用の喪失の結果として生じる経済的損失にも及ばない，と解せられる．

ある衛星がランデブー活動により他の衛星に接近してその機能を不能にするコードを送信したり，写真偵察衛星のシャッターを閉じてしまうサイバー行動は，同条約3条にいう「損害」に該当する．

◆11◆　国際電気通信法

規則61（国際電気通信施設を設置，維持及び保護する義務）　**国家は，迅速かつ不断の国際電気通信のために必要とされる国際電気通信施設の確立を確保するための措置をとらなければならない．この要件に従って，国家が国際電気通信のためのサイバー・インフラを設置する場合には，当該国は当該施設を維持及び保護しなければならない．**

本規則は国際電気通信連合（ITU）憲章38条に基づくものである．同条は電気通信路及び電気通信設備の設置，運用及び保護につき規定する．本規則は，①迅速かつ不断の国際電気通信を促進する施設の確立を確保する義務，②当該施設を保護する義務，③当該施設を維持する義務を規定する．本規則で規定された規則は国家に自国が選択する手段により遵守するよう「最善の努力」を求めるという意味での「行動の義務」であって「結果の義務」ではない．それゆえ，国家は資金や技術的能力ゆえ実現が無理な場合には義務を負わない．

ITU憲章38条1項は「構成国は，…必要な通信路及び設備を最良の技術的条件で設置するため，有用な措置をとる」と規定するが，国家はこの「通信路及び設備」に特定の国際電気通信施設を含むかどうかを決定できる．他方，この義務はコンピューターやスマートフォンのようなエンドユーザー装置の利用可能性を含むものではない．

国際電気通信がサイバー手段によって実施される場合，憲章38条3項は国家に「保護する」義務を，2項と4項は「維持する」義務を課す．前者の義務は国家管轄権内におけるサイバー・インフラ（規則8）に関連するが，後者の義務は国家が所有・運営するような国家の管理下にあるものに限定される．保護及び維持の義務には運用のメンテナンスや技術基準への適合も含まれる．

電気通信サービスのない他国に対して通信衛星や航空機からのインターネットへのアクセスの供与等を当該国の同意なしに行うことの合法性については，各国は電気通信分野を規制する主権（誰がどのようにサービスを供給するかの決定権を含む）を有するため，同意なしになされたサービスの供与は容認されない．他国が停止した国際サイバー通信の回復については，規則62参照．

規則62（サイバー通信の停止）　(a)国家は，部分的に又は完全に，自国領域内における国際サイバー通信業務を停止することができる．当該停止の即時の通知が他国に対してなされなければならない．(b)国家は，国内法令，公の秩序若しくは善良の風俗に反すると認められ，又は国家の安全にとって危険である私用のサイバー通信の伝達を停止することができる．

本規則はITU憲章35条及び34条2項に基づくものである．

(a)はインターネットのような国際サイバー通信サービスの停止を含む国際電気通信サービスの部分的・全体的停止（サービスの一時的中断）につき規定する．国家が国際サイバー通信サービスを停止する場合にはITU事務局長を通じてITU加盟国に直ちに通知しなければならない（ITU憲章35条）．

2011年のアラブの春の際にエジプト政府はインターネット及び携帯電話への接続をブロックした．他国への通知の要件は満たさなかったが，このような停止自体は国際電気通信法の下では国家の権利である．エジプトの行動が表現の自由のような国際人権法（規則35）に合致したかどうかは別問題である．

サイバー通信サービスを停止した他国内での電気通信サービスを外から回復する国家の行為（高度空域にある航空機からのインターネット・アクセスの供与等）の合法性につき，多数意見では，国家は他国の電気通信を規制（停止を含む）する主権を尊重しなければならないから，このような行為は違法である（規則4参照）．

(b)によると，国家は国内法や公序に反し又は国家安全保障を脅かす「私的な」（つまり非政府の）サイバー通信を停止できる．停止の前後に通知は不要である.

(a)との関連で外交使節団や領事機関が依拠する国際サイバー通信は停止してはならず（規則42），また(b)との関連で外交使節団や領事機関の公的なサイバー通信は「私的な」ものではないため停止できない.

規則63（有害な混信）　国家による無線通信局の使用は，他国の無線サイバー通信又は業務のための保護された無線周波数の使用に有害な混信を生じさせないようにしなければならない.

本規則はITU憲章45条1項に基づく．電磁スペクトラムと地球周回軌道の利用を規律するITUの体制は十分に確立されたものであってサイバー活動の使用にも適用される.

本規則において，有害な混信とは電磁スペクトラムに依拠するサイバー通信又はサービスの重大な悪化，妨害又は中断として理解される.

本規則は専らある国家による他の国家のサイバー通信又はサービス（場所は問わず宇宙空間も含む）を可能にする周波数の使用の妨害の場合に適用される．妨害には意図的なものと非意図的なものが含まれる．有害な混信からの保護は国家がITU無線規則の関連条項に従って適切に記録することによって特定の周波数の使用の国際的承認を受けたかどうかに依存する．A国が自国内の無線通信ネットワークにライセンスを付与したが，国際周波数登録原簿（MIFR）に登録せず，周波数の使用につき隣国（B国とC国）と調整もしなかった所，B国とC国がITUの要件に従って同様のネットワークに既にライセンスを付与していたという事案においては，A国の新オペレーターはB国及びC国のオペレーターに対する有害な混信を生じるため，A国は本規則の違反となる.

ジャミングは，サイバー活動を含むある種の活動をその内容に応じて妨害するものである．平時において国家が政治的理由によりジャミングした例としては，イランが2012年にBBCペルシャ語，Voice of Americaペルシャ語，Radio Free EuropeのRadio Fardaを含むEutelsatの送信をジャミングした例やキューバがRadio Martiによる米国の放送をジャミングした例がある．平時のジャミングは，軍事無線局（規則64）によってなされるか完全に一国内においてなされかつその効果も一国内にとどまる場合を除いて，本規則の違反となる．しかしながら，1994年のルアンダのジェノサイドを引き起こしたラジオ放送の

ような *jus cogens* 違反を防止するためであれば領域外のジャミングも合法となるし，対抗措置により許容される場合もある（規則 20）．武力紛争時においてはジャミングの許容性は武力紛争法（第 4 部）に従うことになる．

規則 64（軍用無線設備の除外）　国家は，国際電気通信法の下で，軍用無線設備に関する完全な自由を保有する．

ITU 憲章 48 条 1 項は，「構成国は，軍用無線設備について，完全な自由を保有する」と規定する．この規定は国際電気通信のガバナンスに関する長期間の慣行を反映したものである．

「軍用無線設備」という用語の範囲に関しては，軍事通信衛星のような専ら軍事目的のために運用される設備，多国籍軍や平和維持軍のために用いられる軍用無線設備，文民の諜報機関によって運用される偵察衛星のような専ら軍事目的のために用いられる軍用無線設備に適用される．

本規則は GPS のようなデュアル・ユースの設備には適用されない．また，軍の無線設備であって無線インターネット接続のように専ら公衆へのサービスを提供するものには適用されない．

「完全な自由」とは，例えば，軍用無線設備でなければ ITU 無線規則で要求されている地球周回軌道における軍事通信衛星の周波数割当の記録を義務づけられないことを意味する．

第 3 部

国際の平和及び安全とサイバー活動

黒﨑将広

◆12◆ 平和的解決

規則65（紛争の平和的解決）(a)国家は，サイバー活動を含む国際紛争であって国際の平和及び安全を危うくするものを，平和的手段によって解決するよう試みなければならない．
(b)国家は，サイバー活動を含む国際紛争であって国際の平和及び安全を危うくしないものの解決を試みる場合であっても，平和的手段によって行わなければならない．

紛争とは，「法又は事実の点に関する当事者間の不一致，すなわち法的見解又は利益の衝突」をいう．それは，単なる一般的な国家間の緊張状態ではない．むしろ，ある国の他国に対する主張とそれを否定する当該他国の主張とが明確なものとして存在することを要する．例えば，主権原則（規則4）に反する形で他国が自国のサイバー・インフラに侵入したとある国が主張する場合，そこに国際紛争は存在する．また，サイバー犯罪の訴追を義務づける二国間条約を実施する国内立法が十分であるかをめぐり締約国間で不一致がある場合もそうである．さらに，ある国が自国へのサイバー経済諜報を理由に他国の情報将校に刑事裁判管轄権を行使したことに対して，当該他国がその管轄権行使の根拠をなす事実又は法について争う場合でも，両国間に紛争は存在する．

本規則は国際紛争に限定され，国内の紛争には適用されない．むろん，それが国家間の問題にまで発展する場合は別である．例えば，ある国が自国内に居住する民族集団を中傷する扇動的かつ人種差別的な情報をインターネットで発信していたとする．それ自体は国内の紛争であるが，のちに隣国に住む同じ民族の者たちが当該発信の中止を求めて抗議デモを行い，同国政府もこれに応じて発信国に説得に当たるも失敗に終わった場合，その紛争は国際化し，本規則の適用対象となる．他方，ある国と外国に所在する非国家主体（私的ハッカー集団等）との間の越境紛争が本規則の適用となる国際紛争になるかどうかについては専門家集団の間で意見が分かれたが，多数派は本規則が国家間の紛争のみに限定されるとの立場をとった．

サイバー活動が国家間紛争の一環として行われている場合，紛争当事国は，国連憲章2条3項の定める平和的解決義務に基づき，憲章33条の例示する交渉，審査，仲介，調停，仲裁裁判，司法的解決，地域的機関又は地域的取極の利用に加え，周旋及び事実調査等の自ら選ぶ平和的手段によって当該紛争を解決するよう試みなければならない．もっとも，これは平和的解決の達成までをも求める義務ではなく，あくまでそれを誠実に試みるよう求める努力義務にとどまる．その試みが失敗に終わった場合，当該紛争は国連安全保障理事会に付託されねばならない．

専門家集団の見解によれば，国連憲章2条3項における平和的解決義務は，問題となる国際紛争が国際の平和及び安全を危うくする場合に適用される．したがって，本規則(a)と(b)は，それぞれ平和的解決が義務となる場合とそうでない場合とに分けて規定している．解決が義務的でないとしても，加盟国が解決を模索する場合には，以上の平和的手段を用いなければならないというのが(b)の趣旨である．

問題は，いかなる国際紛争が国際の平和及び安全を危うくするのかである．その判断が難しいことはいうまでもないが，少なくとも予見可能な将来においてそれが国際武力紛争（規則82）又は武力の行使（局地的なものも含む）（規則68）を引き起こす危険性のあるサイバー活動を伴う場合には，そうした危うくする事態となることについて専門家は一致している．例えば，サイバー行動が重要インフラ（例えば航空管制や鉄道管制のシステム）若しくはダム及び原子力発電施設等の危険な力を内蔵するインフラを目標とする場合，社会サービス供給等の重要な社会機能を大きく混乱させる場合，又は国家の経済にきわめて深刻な影響をもたらす場合であれば，そうした事態が発生することもありうる．

本規則によって，紛争当事国が合法的な対抗措置（規則20，22－23）又は自衛のために必要な武力の行使（規則72）に訴えることは必ずしも妨げられない．ただし，それを単独で行う際には注意が必要である．例えば，自国との紛争を解決するよう圧力をかけるために，ある紛争当事国が自国領域の通信ケーブルを通過する相手方当事国の重要なサイバー通信を遮断したとする．たとえその行為が他の国際法では禁止されていなくても，それにより当事国間における敵対行為の発生が合理的に予測可能であるなら，国際の平和及び安全を危うくすることを理由に，当該行為は本規則によって禁止されることになるだろう．ただし，このことは国連安全保障理事会の許可に基づく集団的な強制措置（規則76）までをも禁止するものではない．

◆ 13 ◆ 干渉の禁止

規則 66（国家による干渉）　国家は，他国の国内又は対外事項に，サイバー手段による場合を含め，干渉してはならない．

本規則は，主権平等原則（規則 1－3）に基づく慣習国際法である（不干渉原則）．本規則が禁止する干渉とは，それが一方の国による他国の「国内又は対外事項」への意図的な介入であること，さらにそれが強制を伴う介入であることを要する．このように，本マニュアルにおいて「干渉（intervention）」とは，強制的要素を持たない「介入（interference）」と区別される概念として用いられる．したがって，国内又は対外事項に対する意図的な介入であってもそれが強制を伴わない場合，又は，強制を伴う介入であってもそれが特定の国の国内又は対外事項に対するものでない場合，本規則の違反はない．以下では，国内又は対外事項，及び強制について順を追って説明する．

この不干渉原則によって保護される「国内事項」とは，政治的，経済的，社会的，及び文化的システムの選択並びに外交政策の定立といった国際法が規律していないもの，又は国際法が管轄事項として国家の裁量に委ねているものを指す．例えば，A 国が自国の公用語を多数派民族と少数派民族の使用する複数の言語から前者のみとする単一言語への変更を決定したとする．これを阻止するために，A 国の少数派民族と同じ民族的背景を持つ B 国が A 国政府の主要なウェブサイトの表示言語を従来の複数の公用語のままとする DoS オペレーションを実行すれば，それは A 国の国内事項に対する違法な干渉となる．

「対外事項」もまた，国家の管轄事項に属するものについては不干渉原則によって保護される．外交及び領事関係，国家又は政府の承認，国際組織への加盟，並びに条約の定立及び破棄等の選択がこれに当たる．例えば，A 国と B 国との交渉が決裂危機にあるなか，当該交渉の強制破棄を目的に，第三国である C 国がサイバー手段を用いて B 国の外務本省と交渉担当官との間の外交電子通信を改ざんすれば，B 国の対外事項への違法な干渉になるだろう．A 国による特定の国家への国家承認を撤回させるために B 国が A 国に高度に破壊的な DDoS オペレーションを実行する場合もそうである．

「強制」について国際法は定義を有していないが，これは物理的な力に限定されるものではない．これは，DDoSオペレーション等のサイバー手段を含め，特定の国の持つ選択の自由を奪うこと，又はその国の意思に反する結果を引き起こすことを企図した積極的な行為を広く指すものと解されている．例えば，A国民がB国の通貨にアクセスするのをA国政府が国際法上適法な手段で阻止した結果，当該アクセスを再開させるためにA国の電子取引を著しく妨害するサイバー行動をB国が行えば，A国の国内事項に対するB国の干渉になるだろう．また，A国政府が自国民によるB国メディアその他ウェブサイト（国際法に反しないコンテンツを提供）へのアクセスを遮断した結果，その解除を強制すべくB国がA国国営メディアの放送を著しく妨害するサイバー行動を行っても，やはり干渉になるだろう．

逆に，特定の国の選択の自由を奪うことを企図しないサイバー行動は，何ら強制的要素を有さない．ある条約の批准を求めたり，又は国内若しくは対外政策を批判したりするために，ある国が特定の国を目標にパブリック・ディプロマシーやプロパガンダをインターネットで展開しても，それによって相手国の選択の自由が奪われない限り，強制的な干渉になることはないだろう．同様に，サイバー諜報（規則32）もまた，それ自体では強制的要素を有さないため，干渉を構成しないというのが専門家集団の見解である．これは，サイバー・インフラに侵入する際にファイアウォールの無効化やパスワードの解析といった仮想保護障壁の破壊が伴う場合であってもそうである．

強制の態様が直接的であるか間接的であるかは問わない．例えば，A国がB国の政権転覆を企図して同国の反政府組織にサイバー兵器（規則103）を提供すれば，それは間接的ではあるがB国の国内事項への違法な干渉（及び規則68の定める武力の行使）となる．その一方，強制の有無を判断する際に原因行為と結果との間に直接的な因果関係が必要であるかについては専門家の間で意見が分かれた．多数意見は，因果関係は間接的であっても良いとの立場である．さらに，自国の行為が外国による強制の結果であることを目標となった国が了知していなかった場合，当該強制は干渉となるか否かについても意見が分かれた．例えば，A国がB国の電子投票結果を改ざんするためにサイバー行動を秘密裏に実施し，その結果，本来であれば当選しないはずの候補者が選挙に勝利したとする．多数意見によれば，B国がそれを了知していなくても，A国が企図した通りに当該候補者の当選が余儀なくされた以上，A国による当該秘密行動は

B国への強制的な干渉を構成する.

なお，専門家集団は，一方の国による他国への経済措置（いわゆる「単独制裁」）がもっぱら自国領域内で実施された場合に当該他国への違法な干渉となるかどうかについても検討している．例えば，A国が自国にある電子商取引を扱ったウェブサイトにB国がアクセスすることを拒否する場合，あるいはB国が経済取引のために利用しているA国領域内にあるサーバーへのアクセスをA国が遮断する又は遅延させる場合等である．国家は貿易相手国を選ぶ自由を保持することから，自国領域内でその選択をする限り，これまでの実行を踏まえれば一般論としてこうした経済措置が違法な干渉を構成することはない．ただし，その際にサイバー手段の特性によって相手国への強制が引き起こされる場合は別である．また本規則とは別に，最恵国待遇等の条約上の義務に違反する可能性がそこにはあることにも留意しておく必要がある.

さらに，国連安全保障理事会の許可（規則 76）又は領域国の同意を欠く人道的干渉のためのサイバー行動（サイバー人道的干渉）が本規則に違反するかどうかについても専門家の間で意見が分かれた．例えば，ジェノサイドを扇動するために用いられたサイバー・インフラに対して破壊的なサイバー行動を実施する場合である．多数意見は，人道的干渉の権利が国際法上存在しないことに鑑み，上述した禁止される干渉の要件を満たす限り，当該行為が本規則に反すると考えた.

最後に専門家集団は，あるサイバー行動が本規則で禁止される干渉を構成しなくても，それが非強制的な主権侵害となりうることに留意している（規則 4）.

規則 67（国連による干渉）　国連は，本質上国家の国内管轄権内にある事項に，サイバー手段による場合を含め，干渉してはならない．この原則は，国連憲章第 7 章の下で国連安全保障理事会によって決定された強制措置をとることを妨げるものではない.

本規則は，国連憲章 2 条 7 項に基づく国連の不干渉義務を定めるものであり，その他の国際組織の活動に関するものではない．禁止される国連の干渉は「本質上国家の国内管轄権内にある事項」に対するものに限られるが，憲章 1 条が国連の目的と定める「国際の平和及び安全」や「経済的，社会的，文化的又は人道的性質を有する国際問題」は，この「国内管轄権内にある事項」に含まれない．これはサイバー行動を考える上でとくに重要となる点である．なぜなら，一方の国で行われるサイバー関連の活動は，しばしば他国における同様の活動に影響を及ぼし，その国との間に以上の「国際問題」を引き起こしうるからである．

このことは当該問題に国連が干渉しても本規則の違反にならないことを示す点で重要であり，とりわけサイバー空間における国際人権義務の履行を国連が監視する可能性を考える上でも示唆的である．

なお，国家の不干渉原則（規則66）とは異なり，本規則は，強制的要素を問題としない．したがって，本規則は，憲章2条7項の用語法に従い「干渉」と表記しつつも，より正確には，国連が国家の国内管轄権内にある事項にサイバー手段を用いて「介入」（規則66で用いられる「干渉」とは区別される）することができないことを定めるものである．

◆14◆　武力の行使

◆ 第1節　武力の行使の禁止

規則68（武力による威嚇又は武力の行使の禁止）　いかなる国家の領土保全若しくは政治的独立に反する，又は国連の目的と両立しない他のいかなる方法による武力による威嚇若しくは武力の行使を構成するサイバー行動も，違法である．

本規則は，国連の目的と一致しない武力による威嚇又は武力の行使の禁止（武力行使禁止原則）に関するものである．国連憲章の起草過程が示唆するところによれば，たとえある国の領土保全又は政治的独立に対する武力の行使でなくても，それが国連の目的と一致しなければ，本規則の違反となりうる．武力行使禁止の例外として一般的に認められているのは，憲章第7章に基づいて安保理が許可した武力の行使の場合（規則76），並びに憲章51条及び慣習国際法に基づく自衛の場合（規則71）である．

「武力の行使」の主体は，必ずしも軍隊に限定されるものではない．例えば，国家情報機関によるサイバー行動だけでなく，民間請負業者のサイバー行動であっても，それが国家に帰属する場合には（詳しくは規則 15－18），本規則における「武力の行使」となりうる．

むろん，自己の行為が国家に帰属しない限り，武力行使禁止原則を定める国連憲章 2 条 4 項は，個人や組織された集団，テロ組織を含む非国家主体の行為には適用されない．もっとも，彼らの行為が武力行使禁止原則に違反しないからといって，他の国際法や国内法に違反する可能性は残る．非国家主体のサイバー行動は，とくに主権（規則 4）の侵害又は不干渉原則（規則 66）の違反となりうる．

規則 69（武力の行使の定義）　サイバー行動は，その規模及び効果が武力の行使の水準に至る非サイバー行動に比肩しうる場合，武力の行使に該当する．

本規則では，規則 68 の対象となる「武力の行使」とは何かを扱う．国連憲章 2 条 4 項は，いかなる行為が武力の行使又は武力による威嚇であるかについて，何ら基準を示していない．しかし，専門家集団は，ICJ がニカラグア事件で「武力攻撃」の基準として「規模及び効果（scale and effects）」を採用したことに注目し，これが「武力の行使」の基準についても当てはまる量的及び質的要因を捉えた有益なアプローチであると考えた．

「武力（force）」が何を意味するのかについては，政治的又は経済的な圧力を含むものでないことが国連憲章の起草過程や友好関係原則宣言における国連総会での審議で確認されている．したがって，例えば，ある政府への信頼を揺るがすことだけを企図した非破壊的な心理的サイバー行動や，経済への負の影響を引き起こすことを企図した電子商取引の禁止だけでは武力の行使にならない．A 国に対して反政府サイバー行動を実施するハクティヴィスト集団に B 国が資金援助をする場合も同様である．

他方，ニカラグア事件で ICJ は，他国との敵対行為に従事するゲリラ部隊に装備や訓練を施すことが武力の行使になると判示した．したがって，A 国に対するサイバー行動に必要なマルウェアや訓練を非国家の組織された武装集団に提供する B 国は，それによって同集団がサイバー行動を武力の行使として行うことが可能となる限り，A 国に対して武力を行使していることになる．これは，当該武装集団の行為が国家責任（規則 15 及び 17）又は自衛（規則 71）に関する国際法に従ってB国に帰属する場合とは区別されねばならない．ただし，多数意見によれば，B国が隠れ家（safe haven）を当該武装集団に与えるだけでは，相当の注意義務（規則6－7）違反にはなっても，武力の行使にはならない．

なお，ICJはニカラグア事件で「武力攻撃」を「武力の行使」の「最も重大な形態」であると判示したことから，その規模及び効果（規則71）ゆえに「武力攻撃」となるいかなるサイバー行動も，「武力の行使」であることはいうまでもない．問題は，武力攻撃に至らないいかなる活動が武力の行使になるのかである．人を殺傷し又は物を物理的に損壊する行為が武力の行使であることに専門家集団は同意したが，それ以外の場合は定かでなく，「規模及び効果」のアプローチ以外に明確な法的基準も存在しない．

規則70（武力による威嚇の定義）　サイバー行動又はサイバー行動の威嚇は，その威嚇行為がもし実行されれば違法な武力の行使となる場合には，違法な武力による威嚇となる．

本規則は，規則68で用いられる「威嚇」とは何かに関するものである．対象となるのは，武力による威嚇を伝達する手段としてサイバー行動が利用される場合と，武力の行使となるサイバー行動の実施を何らかの手段で伝達することにより威嚇する場合である．

通常，威嚇とは強制的であることが企図されるものの，特定の要求までをも伴う必要はない．また，威嚇の本質とは，明示的であれ黙示的であれ，そのメッセージ性にある．したがって，ある行為が目標となる国の安全を脅かすようなものであっても，それが性質上何らかのメッセージを伝えるものでなければ威嚇にはならない．例えば，B国と高い緊張関係にあるA国が，悪意のあるサイバー行動をB国に対して実施する能力を獲得したとする．それだけでは威嚇にならないが，しかしその能力を武力の行使のために用いることをA国がB国に公言するなら，A国は本規則に違反することになるだろう．他方で，それを公言しても実行しないことが明らかな場合，例えば実際にはそれを実行するだけの能力がない場合や，純粋に国内政治上の理由からA国がそう公言しただけの場合に，A国が本規則に違反するかどうかについては専門家たちの間で意見が分かれた．

◆ 第2節　自　衛

規則71（武力攻撃に対する自衛）　武力攻撃の水準に至るサイバー行動の目標となる国家は，固有の自衛権を行使することができる．サイバー行動が武力攻撃に該当するか否かは，その規模及び効果による．

「武力攻撃」と「侵略」は区別されねばならない．武力攻撃は，自衛権の発動条件の一つである．これに対して，侵略とは，国連安保理による憲章第7章に基づく権限行使を可能にする事態の一つである（規則76）．侵略行為は武力攻撃となりうるが，常にそうとは限らないかもしれない．

武力攻撃であるためには，越境的要素が必要となる．ある国が他国に対してサイバー行動を行う場合，又はある国がその居場所にかかわらず自国のためにサイバー行動を行うよう非国家主体に指示する場合がそうである．問題は，A国に所在する非国家主体が，A国とは関係なくB国にサイバー行動を行う場合である．この場合，確かに越境的要素は存在するが，非国家主体の行為が法的な武力攻撃になるかどうかについては後述のように争いがある．ただし，このように非国家主体が行うサイバー行動については，当該主体の所在地国が（人権法，及び非国際武力紛争時には武力紛争法といった国際法の基準と一致する）自国の国内法に従って対処することができる．

専門家たちは，場合によってはその規模及び効果ゆえに，非キネティックなサイバー行動だけでも国連憲章が定める「武力攻撃」になることを全員一致で認めた．これは，国際判例だけでなく国家実行とも一致する．例えば，サイバー行動と同様に非キネティックな性質を持つにもかかわらず，それがもたらす重大な苦痛又は死等の結果ゆえに，化学，生物，又は放射線による攻撃が武力攻撃となりうることは，どの国も認めてきたことである．また，「武力」という用語のゆえに，武力攻撃であるためには「兵器」（規則103）が用いられる必要があるのかも問題となりうるが，必ずしもその必要はないというのが専門家集団の立場である．決定的な要因となるのは，サイバー行動の際に用いられる手段が兵器かどうかではなく，あくまでサイバー行動それ自体によって引き起こされる効果が，それ以外の行為によるのであれば武力攻撃となるものの効果に比肩しているかどうかである．

「武力攻撃」は，規則69における「武力の行使」と同一のものと解されるべきではない．武力攻撃は国連憲章2条4項の意味における武力の行使を前提としているが，すべて武力の行使が武力攻撃の水準に達するわけではないからである．武力攻撃となるには，ある行為が最も重大な形態の武力の行使，つまり，通常の武力の行使を上回る規模及び効果をもたらすものでなければならない．そのためにどれほどの規模及び効果が具体的に必要であるのかは定かでないが，他方で武力攻撃であるか否かが明らかな場合は存在する．例えばサイバー情報収集，サイバー窃盗，及び重要度の低いサイバー・サービスを短時間又は断続的に中断するようなサイバー行動であれば，武力攻撃にならない．逆に，大多数の人間を殺傷するか，又は財産に重大な損害若しくは破壊をもたらすサイバー行動であれば，武力攻撃に必要な規模及び効果を持つといえる．目標の地理的位置が規模及び効果の問題に影響することもなく，例えば諸国を外遊する他国の国家元首を殺害するためにある国がサイバー行動を行えば武力攻撃になることを専門家集団は認めた．

2010年のスタックスネット・オペレーションをめぐっては，イランの遠心分離機が被った損害に鑑み，当該オペレーションが武力の行使であったことについて専門家の間で意見は一致したものの，武力攻撃であったかどうかとなると意見が分かれた．同様に，死，傷害，又は破壊を引き起こさないが負の影響を広範囲に与えるようなサイバー行動，例えば主要な国際証券取引所が機能停止するよう仕向けられたサイバー・インシデントや重要インフラに深刻な影響をもたらすサイバー行動が武力攻撃となりうるかについても，意見の一致は見られなかった．

規模及び効果の問題で重要なのは，一つ一つの行為に着目すれば武力攻撃の敷居に達しない，連続した行為からなるサイバー・インシデントであっても，これらを集積させれば武力攻撃になるのかどうかである．専門家集団は，次のことを示す説得力のある証拠がある場合に，それが複合的な武力攻撃になることを認めた．すなわち，当該インシデントにおける個別の行為が同一の実行者によって行われ，それぞれが相互に関連性を持つこと（実行者が複数の場合は協調的行為であること），及び個別の行為の集積が必要な規模及び効果の条件を満たすことである．

なお，効果を評価するに当たっては，合理的に予見可能なあらゆるサイバー行動の結果が考慮要因となる（例えば，浄水場を目標としたサイバー行動によって汚染された水を飲んだ結果，病気や死が予見される等）．他方，ある国による他国へのサイバー諜報の際に当該他国のサイバー・インフラに重大な損害を予期せず引き起こしてしまった場合のような，意図せざる効果を考慮に入れるべきかどうかについては意見が分かれた．多数意見は，意図的であるかどうかにかかわらず，規模と効果のみを考慮に入れるべきというものである．このことから多数派はさらに，A国によるB国へのサイバー武力攻撃が期せずしてC国にも波及した場合であっても，規模と効果の要件を満たす限り，C国への武力攻撃も同時に発生することを認めた．

武力攻撃の主体の点でいえば，国家に帰属しない非国家主体の行為が武力攻撃になるかどうかについても意見が分かれた．国連憲章51条は慣習法上の自衛権を認めているが，武力攻撃は国連憲章上も慣習国際法上も伝統的に国家間に限定され，非国家主体の暴力行為は国内法執行の問題とされてきた．ところが，9.11事件でアル・カイーダが米国に攻撃した際に国際社会が自衛の固有の権利を同国に認めて以来，国際法には変化の兆しが見え始めているようである．ICJは非国家主体による武力攻撃の可能性を認めるに至っていないようであるが，国連憲章51条は自衛権を明文上国家に限定する一方，武力攻撃の主体についてはそのように限定していない．このことから多くの専門家は，国家の関与に関係なく，テロリストや反乱集団のような非国家主体のサイバー行動それ自体が武力攻撃を引き起こすことを国家実行は認めていると考えた．ただし，こうして非国家主体によるサイバー武力攻撃の目標となった国が自衛権を行使できるとしても，主権原則（規則4）上，それは当該非国家主体の所在地国の同意を得られた場合，又は所在地国が当該攻撃に効果的に対処する能力若しくは意思がない場合に限られる．

なお，本規則に該当しない事態については，紛争の平和的解決に関する規則65，対抗措置に関する規則20－25，及び緊急避難の抗弁に関する規則26が問題となりうる．

規則72（必要性及び均衡性）　自衛権の行使として国家によってとられるサイバー行動を含む武力の行使は，必要かつ均衡のとれたものでなければならない．

本規則が規定する自衛権行使の際の必要性及び均衡性とは，武力紛争法における軍事的必要性の概念及び均衡性規則とは異なる．両者は区別されねばならない．

必要性とは，武力の行使が，急迫した武力攻撃を効果的に撃退するため，又は現に発生している武力攻撃を排除するために必要なものであることを求めるものである．これは，武力攻撃に対処する手段が武力以外にないということを意味するのではなく，武力攻撃の事態に対処するには武力以外の措置では不十分であるということを求めているにすぎない．

必要性の判断は，武力攻撃を被った被害国の観点からなされる．例えば，A国による自国サイバー・インフラへのサイバー武力攻撃に対して，被害国のB国が自衛のために武力を行使するとする．ところが，B国の知らないうちにA国は武力攻撃をすでに終了させることを決定していた．この場合，B国の武力の行使は必要でない違法な武力の行使となるのかどうかが問題となるわけだが，B国の観点からすれば，自国による武力の行使の必要性は引き続き存在し，違法にならないというのが専門家集団の見解である．

均衡性は，武力が必要とされる場合にそれがどれほど許容されるのかに関する基準である．この基準は，自衛のために用いられる武力の規模，範囲，期間，及び烈度を，自衛権を発動させた事態を終わらせるのに必要な限度にまで抑える．これは，武力攻撃の際に相手が用いた武力の量に限定するものではない．武力攻撃を排除するには，場合によっては，より多くの武力が必要であるかもしれないし，あるいはそうでないかもしれないからである．また，自衛のために用いられる武力が先行する相手の武力攻撃の際に用いられた武力と同一の性質を有する必要もない．したがって，キネティックな武力攻撃に対する武力の行使のために非キネティックなサイバー手段を用いることは可能であり，逆もまたしかりである．とりわけ，サイバー武力攻撃の実行者がサイバー手段による反撃に強い場合，キネティックな手段を用いた武力による反撃は重要な選択肢となりえる．

規則 73（急迫性及び即時性）　自衛の際に武力を行使する権利は，サイバー武力攻撃が発生した場合又は急迫した場合に生じる．この権利はさらに即時性の要件に従う．

国連憲章 51 条は，自衛の際の武力の行使の条件として「武力攻撃が発生した場合」と規定している．これは，武力攻撃の効果がすでに現れた場合，つまり，サイバー武力攻撃が損害若しくは被害を引き起こしたか，又は現に引き起こしている場合を含んでいる．サイバー行動がキネティックな武力攻撃の開始の第1段階となる場合，例えば，航空戦役（air campaign）のための「戦場を準備する」ために，他国の防空に対してサイバー行動を実施する場合がそうである．

専門家集団の見解によれば，国連憲章51条は武力攻撃を見越した防衛行動について明確には規定していないが，敵が攻撃を準備しているのを国家は手をこまねいて待つ必要はない．武力攻撃が急迫していればただちに国家は自国を防衛することができる．これを国際法では「先制的自衛（anticipatory self-defense）」と呼んでいる．他方で専門家集団は，まだ武力攻撃の準備を開始していない，あるいは武力攻撃を遂行する意思を黙示的にも明示的にも示していない将来の攻撃者に対する予防攻撃が，先制的自衛の適法な行使として認められないことに同意した．公然と敵対的な態度を示す国がサイバー武力攻撃を開始する能力を有しているとしても，その事実だけでは将来の被害国による自衛のための武力の行使を正当化することはできない．まずは，相手の敵対的な態度が実際に自国への攻撃を決定するほどにまで至ったことを合理的に結論づけることが求められる．

先制的自衛については様々なアプローチがあるが，武力攻撃が今まさに開始されようとしている場合にのみ認められるとすることで時間的制約を先制的自衛に課そうとするものについては，専門家の多くが反対した．代わりに彼らが支持したのは「実行可能な最後の好機（last feasible window of opportunity）」の基準である．これは，相手が武力攻撃の着手に取りかかっていることが明らかななかで，今まさにこの機会を逸すれば自国を効果的に防衛する機会は訪れないと被害国が考える場合に，先制的自衛を認めるアプローチである．この立場によれば，先制的自衛で決定的なのは，時間的な近接性ではなく（これは時間的要素自体を否定するものではない），自国を防衛する絶好の機会を失うか否かに関する被害国の合理的な予測である．

例えば，A国が2週間以内に自国の主要な石油パイプラインの破壊を目的としたサイバー行動を開始する準備を進めている，という確たる情報をB国の情報機関が入手したとする．これが実施されれば，パイプラインに設置されたマイクロコントローラがパイプライン内部の圧力上昇を引き起こし，立て続けに爆発が発生することが予想される．B国情報機関は，どこに攻撃目標となる具体的な脆弱性があるのかの情報を有していないため，当該マイクロコントローラを実効的に防衛することができないでいたが，特定の場所と時間にA国のサイバー行動の関係者たちが集まるという情報を入手した．この場合，目標となるB国が，武力攻撃が急迫し，かつ武力で自国を防衛する必要がある（規則72）と判断してこれらの関係者たちを攻撃しても，均衡した（規則72）先制的自衛として合法になるだろう．

最後に，急迫した武力攻撃に対する自衛のための武力の行使は，即座になされねばならない．この即時性の要件とは，武力攻撃が実行されてから被害国が合理的に自衛で反撃するまでの期間に関するものであるが，これによって，自衛は単なる報復的行為と区別される．即時性を判断するに当たっては，攻撃と反撃との間の時間的な近さ，攻撃者を特定するのに必要な期間，そして反撃の準備に必要な時間といった要因が問題となる．例えば，スタックスネットのようなワームが使用される場合のように，サイバー武力攻撃の発生又は攻撃者の特定が実際の攻撃のしばらく後になってから判明することがある．こうした場合，これらの要因に即した被害国による合理的な説明がない限り，即時性の要件を満たすことはできない．

規則74（集団的自衛）　自衛権は集団的に行使することができる．武力攻撃となるサイバー行動に対する集団的自衛は，被害国の要請に基づきかつ当該要請の範囲内においてのみ行使することができる．

国連憲章51条及び慣習国際法上，国家は，集団的自衛権により，サイバー武力攻撃を受けたすべての国と共同防衛を行う，又は当該攻撃の被害国である他国の援助に駆け付けることができる．その際，集団的自衛を行う援助国は，武力攻撃の被害国から援助要請を得ていなければならず，また，援助国と被害国の双方ともに，武力攻撃が急迫している，又は現在進行中であることを確信していなければならない．援助国が独自の一方的な判断で集団的自衛を行うことを認める国際法は存在せず，被害国の要請，及び集団防衛条約を含む事前の又は一時的な同意の範囲内でこれを行わなければならない．

なお，個別的自衛と同様に，集団的自衛に対しても，必要性，均衡性，急迫性及び即時性の諸要件（規則72－73）が適用される．

規則 75（自衛措置の報告）　国連憲章 51 条に従って自衛権を行使する際に国家によってとられたサイバー行動を含む措置は，直ちに国連安全保障理事会に報告しなければならない.

国連憲章 51 条は，自衛権を行使する際に国連安保理に報告するよう加盟国に求めている．ニカラグア事件で ICJ が示したように，これは条約上の義務にとどまる．したがって，これを加盟国が怠れば同条の違反となるが，それにより慣習法上認められた当該加盟国の自衛権までもが否定されるわけではない．

同条はまた，国連安保理が「国際の平和及び安全の維持に必要な措置をとるまでの間」，自衛権が認められると規定する．これは，加盟国の持つ固有の自衛権を一時的に奪う権限を国連安保理に認めるものであるが，その際，安保理は，停戦命令を出す等，その旨を明示しなければならない．

◆ 15 ◆ 集団的安全保障

規則 76（国連安全保障理事会）　国連安全保障理事会は，サイバー行動が平和に対する脅威，平和の破壊又は侵略行為に該当すると決定する場合には，これに対して，サイバー行動を含む非軍事的措置を許可することができる．当該措置では不充分であると考える場合，安全保障理事会は，サイバー措置を含む軍事的措置を決定することができる.

本規則は，国連憲章第 7 章に基づく措置に関するものである．安保理は，これまでサイバー行動を当該措置の対象として認めたことはないが，その権限を有することに異論はない．国の銀行システムや重要インフラに対するサイバー行動等がその対象になるとしても，それを決定する権限は安保理にある．

安保理は，憲章 41 条に従い，武力の行使（規則 68）に至らない非軍事的措置としていかなる措置をとるかを検討することができる．この措置には郵便，電信，無線通信その他の輸送通信の手段の全部又は一部の中断が含まれるが，安保理は，具体的な措置内容について広範な裁量権を持ち，例えば国家又は非国家主体とのサイバー通信の中断を決定することもできる．この場合，加盟国の国内実施が不可欠となるが，国連加盟国は，憲章第7章に基づく安保理の決定に従わなければならないため，自国の管轄権（規則8）に服するインターネットサービスプロバイダに対して，ドメインネームのブラックリストを作成したり，パケットルーティングにフィルタをかけたりする等の制限措置を要求する必要が出てくることもありえる．

安保理はまた，非軍事的措置では不充分であると判断した場合，憲章42条に従い，サイバー手段を含む武力の行使（規則68）を許可することができる．この場合，安保理は，例えば核兵器能力を開発している国に対して，これを阻止するための加盟国によるサイバー行動を許可することもできるだろう．

規則77（地域的組織）　地域的性質を有する国際組織，国際取極又は国際機関は，国連安全保障理事会からの委任又は同理事会による許可に従い，サイバー行動を含む，又はサイバー行動への対応として，強制行動を実施することができる．

本規則は，国連憲章第7章及び第8章を基礎としている．地域的組織は，安保理の許可がなくても憲章41条に基づく非軍事的措置をとることが一般的に認められるのに対して，安保理の事前の明示的許可なくして憲章42条に基づく軍事的措置をとることができるかどうかについては国際法上争いがある．

なお，本規則における「強制行動」とは憲章53条1項に由来する用語であり，41条及び42条にいう非軍事的措置と軍事的措置を含む．これは，地域的組織が集団的自衛として行う行動とは区別されねばならない．

規則78（平和活動）　平和活動を行う際，国家は，平和活動の委任又は許可及び適用可能な国際法に合致して，サイバー行動に従事することができる．

本マニュアルにおける平和活動には，平和維持活動と平和執行活動の両方が含まれる．

平和維持活動は，国連憲章第6章に基づいて安保理が与える場合を含め，適当な国際組織の委任又は許可に従って行われる．また同活動は，①（領域国の）同意原則，②不偏原則，③自衛の場合を除く武力行使禁止原則を基本としている．なかでも重要なのは同意である．平和維持部隊によるいかなるサイバー行動も，受入国の同意と（訪問部隊地位協定のような特別の合意での定めがない限り）その国の国内法から逸脱してはならない．

以上の基本原則は，平和執行活動には適用されない．ただし同活動については，地域的組織によって行われる場合を含め（規則77），国連憲章第7章（規則76）に基づく安保理の委任又は許可が必要となる．

平和活動における武力の行使は，活動毎に異なる委任又は許可の範囲内で認められる．しかしながらその一方で専門家たちは，平和維持活動の場合であれ平和執行活動の場合であれ，委任又は許可の範囲内であるか否かにかかわらず，個人，部隊，又は委任若しくは許可それ自体の防衛に必要な措置として，平和部隊が武力の行使となるサイバー行動に従事できることを認めた．むろん，国際人権法（第6章）や武力紛争法（第4部）をはじめとする適用可能な国際法に従うことが条件である．

サイバー手段の利用は，場合によっては委任又は許可で定められた特定の任務を遂行する上で最も有効な手段となりうる．例えば，相手の指揮統制系統を一時的に無力化する場合がそうである．さらに停戦合意の監視を委任されている場合には，紛争当事者が停戦合意に反する活動をしないよう彼らのサイバー通信を監視することも，任務遂行のための重要な手段となるだろう．

また，委任又は許可で明示されていない場合に，他人を防衛することを目的としてサイバー手段による武力を平和部隊が行使できるかどうかについても，近年の文民保護を目的とした平和活動において重要な問題である．例えば，現地のエスニック集団への暴力を扇動するためにソーシャルメディアが用いられている場合，平和部隊が当該メディアのアカウントをサイバー行動の目標とすることは，たとえそれが武力の行使になるとしても，任務又は許可の範囲内の適切な措置として許容されることを専門家たちは認めた．その際，多くの国の国内法に登場する「他者の駆け付け防衛（coming to the defence of others）」の概念，及び平和活動に関するルールズ・オブ・エンゲージメントをその根拠として援用する専門家たちもいた．

規則79（平和活動の要員，施設，物品，組織及び車両）(a)武力紛争法の下で文民及び民用物に与えられる保護を受ける権利を有する限りにおいて，国連の要員，施設，物品，組織及び車両（国連の活動を支援するコンピュータ及びコンピュータ・ネットワークを含む）は，尊重され，保護されなければならず，サイバー攻撃の目標になってはならない．(b)国連憲章に従って人道支援又は平和維持ミッションに関与する他の要員，施設，物品，組織又は車両（コンピュータ及びコンピュータ・ネットワークを含む）は，同一の条件の下にサイバー攻撃から保護される．

本規則における尊重及び保護の義務は，国連要員安全条約7条1項，国際刑事裁判所規程8条2項(b)(iii)及び(e)(iii)に基づくものであるが，慣習国際法として国際武力紛争と非国際武力紛争の双方の事態に適用可能である．

本規則において，「尊重」には，任務の完遂を妨げることを慎む義務が含まれる．例えば，平和活動の実施部隊のネットワークにサイバー行動を行えば，本規則の違反となる．さらに国連要員等を攻撃し，威嚇し又は危害を加えることもまた，サイバー行動による場合も含めて尊重義務により禁止される．これは(a)の定める国連の要員等に関する義務であって，(b)の定めるその他の要員等には適用されない．

本規則(a)における「保護」とは，他の者たちが国連要員等を攻撃し，威嚇し，危害を加え，又は妨害することのないよう，実行可能な措置を講じる安全確保義務を意味する．これにより国家は，サイバー攻撃から国連要員及びその関係者の安全を確保するのに必要な措置を講じ，さらに彼らの公的施設，住居，及び輸送手段への攻撃を防止することも含めて平和活動に協力することが求められる．

本規則(b)は，国連要員の資格のない要員に適用されるとともに，国連憲章に従って行われる人道支援又は平和維持活動（通常は安保理が許可したミッション）であるが，国連要員安全条約1条(c)のいう国連の権限及び管理の下で実施されない活動にも適用される．

本規則の(a)と(b)のいずれの場合であっても，武力紛争の間，平和部隊の構成員は，同部隊が紛争当事者にならない限り（規則78），文民として（規則94），サイバー攻撃（規則92）からの保護を含む武力紛争法上の保護を享受する．ただし彼らは，たとえ紛争当事者でなくても，個人又は部隊の自衛の場合を除き，敵対行為に直接参加している間はその保護を喪失する（規則97）.

第 4 部

サイバー武力紛争法

黒﨑将広（規則80－98）
河野桂子（規則99－154）

◆16◆ 武力紛争法一般

規則80（武力紛争法の適用可能性） 武力紛争の文脈で実施されるサイバー行動は，武力紛争法に従う．

武力紛争には権威的な定義が存在しないが，本マニュアルにおいてそれは，サイバー手段による場合を含め，敵対行為を伴う事態を指している．武力紛争法はこれを規律する国際法をいうが，サイバー行動に関する明示的なルールを有していない．しかし，これはサイバー行動に関する武力紛争法が存在しないことを意味するわけではない．ある問題を規律する明文規定がなくても，それが不文の慣習国際法の支配の下にあることは，多くの武力紛争法条約規定（いわゆるマルテンス条項）で確認されてきたことである．したがって，武力紛争法は，国際武力紛争（規則82）と非国際武力紛争（規則83）のいずれの文脈で行われたサイバー行動にも適用される．これが専門家集団の一致した意見である．実際，2008年のジョージアとロシア間の国際武力紛争で行われたサイバー行動や，ウクライナとロシア間の国際武力紛争と非国際武力紛争の両方で行われたサイバー行動には，武力紛争法が適用されている．他方で，2007年にエストニアは持続的なサイバー行動の目標となっていたが，事態は武力紛争の水準に達していなかったため，そこに武力紛争法が適用されることはなかった．

「サイバー行動」には，「サイバー攻撃」（規則92）以外の行為も含まれる．例えば人道支援の提供に関するサイバー行動がそうであり，「攻撃」の水準に至らなくても，武力紛争法によって規律される．

武力紛争法がサイバー活動に適用されるには，問題となる当該活動が「武力紛争の文脈で」行われなければならない．換言すれば，武力紛争との結びつきを持つ活動が適用対象となる．もっとも，この結びつきの性質については，紛争当事者が敵に対して行ういかなるサイバー活動も武力紛争との結びつきがあるのかどうか，あるいはあくまで敵対行為を推進するために行われるものに限定されるのか否かを含め，専門家の間で意見が分かれた．例えばA国の貿易官庁が，武力紛争の間に商業上の秘密を入手するため，敵対するB国の民間企業に対してサイバー行動を行う場合等がこの点で問題になる．さらに非国際武力紛争の場合になると，この「武力紛争の文脈」という概念は，紛争地国の法執行にかかる権利義務との関係で一層不明確になる．ただ少なくとも，ある民間企業が，競合他社への市場優位性を獲得するために敵国で知的財産の窃盗に従事しても，武力紛争法は原則としてこれを規律しない．

規則 81（地理的限界）　サイバー行動は，武力紛争中に適用可能な国際法の関連規定によって課される地理的限界に服する．

武力紛争法は，他の国際法と同様に，サイバー行動が行われる地理的空間を規定している．法的には，当該行動が開始された場所，必要とされる手段の位置，及び目標にされたサイバーシステムの位置等が問題となる．サイバー行動は，原則として紛争当事者のすべての領域，国際水域又は国際空域，及び（特定の制約に服することを条件として）宇宙空間から，それぞれの空間内で，又はそれぞれの空間に効果を及ぼして，行うことができる．それ以外の場所でサイバー行動を実施することは，一般的に禁止される．なかでも重要となるのが中立法（第20章）である．サイバー行動が中立国の領域を通過した結果，予期せぬ効果が同国内で発生しうるからである．

ただし，地理的限界に基づく制約を実施することは，サイバー戦の文脈ではとくに難しいかもしれない．例えばクラウドコンピューティング技術を用いるサイバー攻撃の場合がそうである．ある国が攻撃を実行するために用いたデータは，中立国を含む他の多くの国のサーバーの至る所で複製されうるが，観測できるデータは，攻撃の開始と完了の場所となるシステム上でしかない．武力紛争の間にサイバー行動を行うことが別途禁止されている区域であっても，単なるデータの通過までは一般的に禁止されていない．

伝統的な見解によれば，非国際武力紛争の間，軍事行動は，紛争地国の領域内に限定されねばならない．しかしながら，アフガニスタンでの紛争や越境的な対テロ作戦のような過去十年間の出来事によって，こうした地理的限界は幾分曖昧なものとなった．実際，非国際武力紛争（規則83）の有無を判断する上で決定的なのは，いまや場所ではなく，紛争当事者が誰であるかにあるとする見解もあるくらいである．

規則82（国際武力紛争としての性質決定） 国際武力紛争は，2以上の国家間で敵対行為がある場合，常に存在する．敵対行為は，サイバー行動を含む，又はサイバー行動に限定されうる．

2以上の国家同士が武力紛争当事者として敵対する場合，その紛争は国際的性質を有する．また，ある国の「全般的支配」の下にある組織された武装集団が他国に対して敵対行為に従事する場合であっても，武力紛争は国際的なものとなる．例えば，A国のサイバー・インフラに侵入して重大な物理的損害を引き起こしている組織されたハッカー集団に対し，B国が全般的支配を及ぼすような場合がそうである．この場合，B国は当該インフラの特定の部分をハッカー集団に攻撃することまで指示している必要はなく，当該インフラに対する一連のサイバー活動を指揮できるほどの十分な支配を同集団に及ぼしてさえいれば良い．さらに専門家集団の見解では，ハッカー集団によるサイバー攻撃を可能にするようなA国のサイバー脆弱性に関する情報をB国が提供しても，B国は当該攻撃に対する全般的支配を当該ハッカー集団に及ぼしていることになるという．とはいえ，この全般的支配基準の敷居は高く，資金，訓練，装備，その他自国サイバー・インフラへのアクセス許可等の支援を提供するだけでは十分とはいえない（ただし，こうした支援行為は，規則66の定める，B国によるA国国内事項への違法な干渉となりうる）．それゆえ，実際問題として，ある国が非国家主体のサイバー活動を支配しているかどうかを確認することは容易でないかもしれない．

これに対して，個人や十分に組織されていない武装集団の場合には，この国際武力紛争の性質決定における「全般的支配」の基準は適用されない．むしろその場合は，問題となる非国家主体が国家から特定の指示（又は事後の公の承認）を受けていることが国際化の要件となるというのがICTYの見解である．例えば，2007年にハクティヴィストたちはエストニアに対するサイバー行動に従事していたが，これが他国の指示に従って，又は承認を受けて行われたものであることを示す明確な証拠は何もなかった．このため，（そもそも「武力」紛争であったかどうかはさておき），この事態が国際化しているとみることはできない．

国境を越えてA国との敵対行為に従事しているB国内の組織された武装集団の行為がB国に帰属しない場合，これが国際武力紛争となるかどうかについては議論がある．しかしながら専門家の多数はこれが非国際武力紛争（規則83）であると考え，その国際的性質を否定した．これに対して，一国領域内における武力紛争であっても，領域国政府に敵対している組織された武装集団が植民地支配及び外国による占領並びに人種差別体制に対して戦う場合であれば，ジュネーヴ第1追加議定書の締約国にとって，それは国際武力紛争となる．

国際武力紛争が存在するためには，軍隊が用いられているかどうかにかかわらず，そこに敵対行為が存在しなければならない．国際武力紛争の存在はまた，紛争当事者による認定にかかわらず，事実によって決定される．

敵対行為は戦闘の手段及び方法（規則103）の集団的な利用を前提としているが，そのために必要な暴力の敷居については争いがある．ICRCによれば，暴力行為の時間や烈度は関係ない．例えば小さな軍事施設で火事を発生させるようなサイバー行動であっても，国際武力紛争は発生するだろう．これに対して，より長い時間や高い烈度の暴力を求める見解も存在するが，そのことを踏まえてもなお，国際武力紛争の暴力の敷居は比較的低いとみるのが賢明だろう．

イランのSCADAシステムに対する2010年のスタックスネット・オペレーションにより，核燃料処理施設における遠心分離機は物理的な損害を被った．しかしながらこの事件は，武力紛争の決定がいかに難しいものであるかを物語っている．同事件における損害が国際武力紛争を発生させるのに十分なものであったかどうかについては，専門家集団の間で意見が分かれた．さらに，スタックスネット・オペレーションが，国家によって，又は国家に帰属する個人によって行われたものであったのかどうかについて疑義がある点もまた，この問題を一層複雑なものとした．このように，あるサイバー行動によって国際武力紛争が引き起こされたのかをいかに確定的に結論するかは，重大な法的かつ実務的課題である．

なお，敵対行為がなくても国際武力紛争の法が適用される場合は存在する．とくに占領は，武力抵抗を受けなくても武力紛争法に服する．また，戦争の宣言，及び海上封鎖又は航空封鎖の設定だけでも国際武力紛争は発生する．

規則83（非国際武力紛争としての性質決定）　非国際武力紛争は，政府軍及び組織された武装集団との間又は武装集団同士で生じた長期にわたる武力による暴力がある場合，常に存在する．この暴力は，サイバー行動を含む，又はサイバー行動に限定されうる．対立は最低水準の烈度に達していなければならず，また，当該紛争に従事する当事者は最低限度の組織性を有していなければならない．

本規則は，非国際武力紛争が存在するための敷居に関する慣習武力紛争法の一般的表明である．ICTY 上訴審がタジッチ事件で示して以来，①敵対行為の烈度，及び②組織された武装集団の関与が非国際武力紛争の2要件であることが広く認められている．こうした要件に基づいて行われる非国際武力紛争の性質決定は，国際武力紛争の場合と同様に客観的な事実の問題であるため，当事者の主観的意思がこれに影響することはない．

第1の要件に当たる必要な烈度に事態が達しているかどうかについては，攻撃の重大性及び再発性，暴力の時間的及び領域的拡大，敵対行為の集団的性質，自己の支配する領域から攻撃する能力の有無，政府軍における兵員の増加，紛争当事者による志願兵の動員並びに兵器の供給及び種類，避難民の規模，並びに国連安保理の関与といった要因等がこれまで考慮されてきた．

また，長期にわたる暴力といっても，継続性を持つものである必要はない．一定の期間内で頻繁に発生するサイバー攻撃（規則92）であれば，そのようなものとみなすことはできる．ただし，今後の実行を待たねばならないとはいえ，ネットワーク侵入，（大規模な）データの削除又は破壊，コンピュータ・ネットワーク活用（CNE），データ窃盗，特定のインターネット機能及びサービスの妨害，並びに政府又は他の公的ウェブサイトの改変といった程度のサイバー行動では非国際武力紛争にはならないだろう．

第2の要件である武装集団の組織性については，サイバー攻撃（規則92）に従事する能力を有する集団として（「武装」要件），確立された指揮系統の下で持続的に軍事行動を遂行できることが「組織された」集団の条件として求められる．組織性の程度について，従来の軍事的に規律された部隊の水準にまで達している必要はないが，オンラインで繋がった私的個人や少数のハッカー集団では不十分だろう．ただ，オンライン仮想集団であっても，集団的活動を統率する指導者を有し，活動毎にサイバー目標を設定し，攻撃手段を共有し，そして再攻撃の必要性を決定するためのサイバー脆弱性評価を実施するような集団であれば，構成員同士が一切の面識を持たなくても協調して行動する組織とみることはできると専門家集団の多数は考えた．しかし他方で，組織性を有するには武力紛争法に従って行動することができる集団でなければならないともいわれることがある．もしそうであるなら，構成員同士の物理的な接触手段を持たない仮想の武装集団がこれに当てはまると考えることは困難である．これによって当該集団が組織された武装集団の資格を有しなくなるかどうかについては，専門家の間でも意見が分かれた．

非国際武力紛争に地理的限界が存在するかについては争いがある．しかし専門家集団の多数は，そうした限界は存在せず，サイバー攻撃等の暴力が国境を越えてもそのことだけで武力紛争が国際的な性質を有することにはならないと考えた．非国際武力紛争の発生国の域外にあるサイバー・インフラをデータが通過する場合も同様である．

武力紛争法はまた，非国際武力紛争のために行われるすべての活動とそれに関連するすべての効果（例えば付随的損害）に適用される．これは，当該紛争に関係している国のどこで発生しているかを問わず，また，武力紛争法の適用を限定するいかなる「紛争地帯（zone of conflict）」も存在しないことを意味する．さらに武力紛争法は，問題となる国の外で起きる活動で紛争の文脈で行われたものにも適用される．これは，非国際武力紛争のためのサイバー活動が通常の敵対行為の場所から遠く離れた場所で遠隔操作により開始されうることに鑑みれば重要な点である．実際，サイバー活動の規制体制が脆弱な国や技術的にサイバー活動を取り締まる能力を持たない国は，非国際武力紛争の間，サイバー攻撃に従事する者にとっては格好の活動拠点である．

暴動，独立の又は散発的な暴力行為その他これらに類する性質の行為等，国内における騒乱及び緊張の事態は，非国際武力紛争に当たらない敵対行為である．したがって，散発的なサイバー・インシデントであれば，物理的な損害又は被害を直接引き起こすものも含め，非国際武力紛争にはならない．2007年にエストニアのロシア系マイノリティによる暴動がインターネットで呼びかけられたように，市民の暴動又は国内テロのようなインシデントを扇動するサイバー行動が実施される場合も同様である．

なお，非国際武力紛争に適用される武力紛争法のうち，1977年ジュネーヴ第

2追加議定書は，もう1つの主要な関係条約である1949年ジュネーヴ諸条約共通3条とは異なり，特定の形態にのみ適用される．同議定書は，一方の当事者が締約国の軍隊でもう一方の当事者が「持続的にかつ協同して軍事行動を行」えるほど十分な領域を支配する組織された武装集団であることを適用条件としている．したがって，サイバー活動に対する支配だけでは，武装集団に求められるこの領域支配の要件を満たすことができない．

規則84（戦争犯罪に対する個人の刑事責任）　サイバー行動は，国際法上，戦争犯罪に至り個人の刑事責任を生じさせることがある．

武力紛争法の重大な違反は，国際法上，個人の刑事責任を引き起こす戦争犯罪である（武力紛争法のすべての違反が戦争犯罪となるわけではない）．本規則は，軍隊の構成員だけでなく，武力紛争の文脈における，及び武力紛争に関係したサイバー行動に従事している文民にも適用される．しかし，純粋に犯罪となるサイバー行動，又は国際的若しくは非国際的な武力紛争とは無関係の悪意あるサイバー活動には適用されない．

戦争犯罪について個人が刑事責任を負うのは，犯罪意思（*mens rea*）と呼ばれる主観的要素を当該個人が有している場合だけである．犯罪を実行する直接的故意（*dolus directus*）が存在するなら，戦争犯罪は常に成立するだろう．また，戦争犯罪の中には，未必の故意（*dolus eventualis*）又は認識ある過失と一般的に呼ばれるような若干敷居の低い犯罪意思を構成要件とするものもある．

例えば，サイバー行動の責任者である軍隊構成員が，武力紛争の間に敵国にある産業管理システムにアクセスしたとする．この構成員は，当該アクセスを利用して，敵国領域のとある都市に燃料を供給する唯一の天然ガスのパイプラインに超過圧力を引き起こすことでこれを破壊し，現地の文民たる住民から唯一の動力源を意図的に奪った．厳しい冬の状況下では死者も予想される．この場合，パイプラインも現地住民も正当な軍事目標でない以上，実行者である軍隊構成員は，戦争犯罪について個人の刑事責任を負うことになるだろう．また，ある国の情報機関の技術部門員が，敵国の民間航空会社の管制システムに影響を及ぼして航空機の衝突を引き起こすことを企図したマルウェアを開発したとする．これを同機関の準軍事部門員が目標に移植するために近接アクセス行動（a close access operation）を実施すれば，技術部門員と準軍事部門員の双方が共同正犯に基づいて刑事責任を負うだろう．

戦争犯罪の責任は，実行者が別の人間を「通して」行う場合にも発生する．部下に対して戦争犯罪を構成するサイバー行動に従事するよう上官が命令する場合がそうである．この場合，部下が命令された行動を戦争犯罪と認識している必要はない．ちなみに，当該命令を受けた部下は，次のすべての条件が満たされない限り，上官命令に従ったことを理由として，サイバー手段によって犯された戦争犯罪に対する自己の刑事責任から免れることはできない．つまり，①自身が命令に従う法的義務を負っていたこと，②その命令が違法であることを知らなかったこと，及び③その命令が明白に違法でなかったことである．また，サイバー手段による戦争犯罪の未遂，扇動，及び幇助についても個人の刑事責任は発生する．

なお，本規則は，サイバー行動が，国際法上の人道に対する犯罪，集団殺害犯罪，又は侵略犯罪となることを妨げるものではない．

規則85（指揮官及び上官の刑事責任）　(a)指揮官及び他の上官は，戦争犯罪を構成するサイバー行動を命令したことに対して刑事上の責任を負う．

(b)指揮官はまた，自己の部下が戦争犯罪を行っている，行おうとしている，若しくは行っていたことを知っており，又はその時における状況によって知っているべきであった場合において，当該犯罪の実行を防止し，又は有責者たる当該部下を処罰するためにすべての合理的かつ利用可能な措置をとらなかったときは，刑事上の責任を負う．

本規則は，指揮官及び他の上官が，戦争犯罪を構成する行為を個人的に行わなかったという事実によっても刑事責任から免れることはできないことを強調するものである．彼らは軍隊構成員である必要はなく，実質的に軍の指揮官として行動する者，さらには諜報機関等の文民組織における文民の上官にも本規則は適用される．

本規則(a)は，指揮官又は上官の命令責任に関するものである．例えば，敵対行為に直接参加していない文民（規則94及び97）への，又は無差別の（規則111）サイバー攻撃を命じた場合，戦争犯罪を構成する当該サイバー行動の命令に対して指揮官及び上官は責任を負う．同規則は，命令に基づく既遂犯又は未遂犯の場合に適用されるが，命令が無視されている場合には適用されない．

これに対して本規則の(b)は，実質的な指揮及び管理の下にある者によってなされた，自己の命令によらない戦争犯罪に対する指揮官又は上官の責任に関するものである．あるサイバー行動が戦争犯罪を引き起こしたかもしれないことに気づいた指揮官又は上官は，当該問題を適当な場合に捜査し，なおかつ適当な捜査当局及び司法当局に報告するよう確保するための措置をとらなければならない．当該問題に気づいていないが，しかしそれをその時の状況において知るべきであった場合についても同様である．

以上の問題は，サイバー行動の技術的な複雑さによって一層複雑なものとなる．指揮官又は上官がサイバー行動に関する深い知識を有していることを期待することはできず，ある程度，部下の専門的知識や理解に依拠せざるをえないからである．むろん，サイバー行動が高度に専門的で複雑であるという事実だけでは自己の責任を免れることができず，故意又は過失による専門知識の欠如は決して正当化事由にならない．法的には，同様の作戦行動の場合に比肩する指揮の水準において「合理的な」指揮官と同一の知識と理解が指揮官又は上官には求められる．

◆ 17 ◆ 敵対行為の遂行

◆ 第 1 節　武力紛争への参加

規則 86（参加一般）　武力紛争法は，あらゆるカテゴリーの者がサイバー行動に参加することを禁止していない．しかし，その参加の法的帰結は，武力紛争の性質及び個人が属するカテゴリーによって異なる．

慣習武力紛争法は，国際武力紛争であれ非国際武力紛争であれ，個人が武力紛争に参加することを禁止していない．しかしながら同法は，当該参加によって生じる帰結についても規定しており，そこではとりわけ戦闘員特権，捕虜の地位，及び攻撃目標となる可能性の 3 つが重要な点となる．このうち，戦闘員特権及び捕虜の地位は，問題となる個人が国際武力紛争における戦闘員であるかどうかによって決定される（規則 87－88）．攻撃目標可能性については，文民であっても敵対行為に直接参加している間は特定の保護を喪失する点が重要である（規則97）.

規則87（軍隊の構成員）　国際武力紛争において，紛争当事者の軍隊構成員は，サイバー行動の間に戦闘員資格の要件に従わない場合，戦闘員免除及び捕虜の地位に対する権利を喪失する.

戦闘員は，敵に捕らえられた場合，武力紛争法に従って行った自己の行為につき敵国の国内処罰から免除されるとともに，捕虜として取り扱われる権利が認められる．しかしながら戦闘員の概念は国際武力紛争に限定されるため，非国際武力紛争において同様の権利は存在しない．なお，専門家集団の多数意見によれば，捕まった個人が捕捉国の国民であった場合，慣習国際法上，その者は戦闘員の資格を有しない.

戦闘員には2つのカテゴリーが存在する．1つは，いわゆる正規軍隊構成員，すなわち紛争当事国の軍隊の構成員及びその軍隊の一部をなす民兵隊又は義勇隊の構成員である．もう1つは，いわゆる不正規軍隊構成員，すなわち紛争当事国に属するその他の民兵隊及び義勇隊の構成員（組織的抵抗運動団体の構成員を含む）である．ただし，不正規軍隊の構成員が戦闘員となるためには，次の4つを満たすことが条件となる．すなわち，①部下に対して責任を負う指揮官が存在すること，②遠方から識別できる固着の特殊標章を着用していること，③公然と武器を携行していること（ただし，サイバーの文脈で実際にこの要件が問題となることはほとんどない），及び④（組織全体が）武力紛争法に従って行動していることである.

さらに紛争当事国は，準軍事的又は武装した法執行機関を自国の正規軍隊に編入することができる．その際，ジュネーヴ第1追加議定書43条3項は当該編入を敵に通報するよう求めているが，仮に通報を怠っても編入された機関の正規軍隊としての地位は変わらない．ただし専門家集団の多数意見によれば，法執行の任務を負っていない情報機関その他政府機関を編入し，軍隊とすることは認められない.

以上の戦闘員の資格を持たない者が敵対行為に直接参加すれば，非特権的交戦者（unprivileged belligerents）となる．非特権的交戦者もまた，戦闘員その他の個人と同様に，戦争犯罪を犯せば処罰されうる．非特権的交戦者は，戦闘員でない以上，戦闘員免除と捕虜の地位を享受することができない．したがって，敵国に捕まれば，彼らはその国の国内法違反とされるサイバー行動に基づく処罰に服することとなる．ただし専門家集団は，異論があることを認めつつも，非特権的交戦者による敵対行為それ自体が戦争犯罪にならないことを認めた．

対照的に，非国際武力紛争の場合には戦闘員の概念が存在しないため，国内処罰免除特権はそもそも国際法上存在しない．したがって，武力紛争法に従って行動しても当該免除が非国際武力紛争の場合に認められるかどうかは，関係国の国内法次第である．ただし，この点でハッキング等の多くのサイバー活動が国内法で犯罪化されていることは想起しておく必要がある．他方で，非国際武力紛争の間に実行された戦争犯罪については，当該犯罪及び実行者に対して管轄権を持つ国家又は国際裁判機関が訴追することができる．

規則 88（群民兵）　**国際武力紛争において，群民兵の一部としてサイバー行動に従事する未占領地域の住民は，戦闘員免除及び捕虜の地位を享受する．**

本規則は，国際武力紛争に関するものであり，非国際武力紛争には適用されない．群民兵とは，占領されていない地域の住民（単独の個人又は小集団を意味しない）で，敵の接近に当たり，軍隊を編成する時日がなく，侵入する軍隊に対して抵抗するために自発的に武器をとる者をいう．群民兵は組織されている必要がなく，また，公然武器携行及び武力紛争法遵守が求められるものの，特殊標章その他識別手段まで着用する必要はない．群民兵は，無線又はサイバー手段を通じた政府の命令を受けて行動する住民にも適用される．

ただし，サイバーの文脈でこの戦闘員資格の枠組みがどこまで意味を持つのかは，次の3点で問題がある．第1に，そもそもサイバー行動に従事する上で必要な手段及び専門性を持った大勢の住民たちが現実的に存在しうるのかどうか不明である．第2に，群民兵は自国領域に侵入してきた敵の軍隊に抵抗する住民たちを想定しているため，国境を超えて敵国領域内の軍事目標にサイバー行動を行うことまでがこの枠組みの中で許されるかどうかは疑わしい．第3に，敵による物理的な侵入ではなく，大規模サイバー攻撃に抵抗するために住民が群民兵として敵対行為を行うことができるかどうかについては争いがある．専門家集団の多数は，群民兵による敵対行為を構成するサイバー行動が自国への物理的な侵入の場合に限定されると考えた.

規則89（間諜）　敵の支配する領域においてサイバー諜報に従事した軍隊の構成員は，その者の属する軍隊に復帰する前に捕らわれた場合，捕虜となる権利を喪失し，間諜として扱われうる.

本規則は，国際武力紛争の文脈で行われたサイバー諜報にのみ適用される．平時の場合（規則32）はもちろん，非国際武力紛争では戦闘員免除も捕虜の地位も存在しないからである．本規則の適用はまた，軍隊構成員によって行われたサイバー諜報に限定される．したがって，文民による場合に本規則が適用されることはないが，ただしこの場合は「敵対行為への直接参加」という別の問題（規則97）となりうる（当該行為を実行した文民は，敵による攻撃目標となるだけでなく，当該行為について管轄権を享受する国の処罰に服しうる）.

本規則の適用上，「サイバー諜報」とは，敵対する紛争当事者に伝達するために武力紛争に関する情報（民間企業の商業情報等は含まれない）を収集し又は収集しようとする行為で，サイバー能力を用いてひそかな方法で又は虚偽の口実によって行われるものと狭く定義される．このサイバー諜報及び他の情報収集活動は，それ自体で武力紛争法違反となるわけではない．また，敵の支配する領域でこうした行為に従事する軍隊構成員が自軍の制服を着用してこれを行っても，「間諜（spy）」にはならない．間諜となるのは，文民の被服又は敵の制服を着用してこれを行う者である．ただし，場合によっては背信行為（規則122）にもなりえることには留意しておく必要がある.

敵の支配する領域で捕らわれた間諜が戦闘員免除と捕虜の地位を享受しないことは十分に確立している．したがって彼らは，軍隊構成員であっても，目標となった国の国内法に基づいて処罰されうる．ただし自軍に復帰すれば，この限りではない.

間諜によるサイバー諜報は敵の支配する領域に限定される（したがって当該領域外から遠距離に行われる場合は除外される）以上，最も想定できる事例は，近接アクセス行動と呼ばれる，物理的に目標に接近することを要するサイバー行動だろう．例えば，コンピュータシステムへのアクセスを獲得するためにフラッシュドライブを用いる場合，又は秘密裏に行動しながら信号を傍受する場合である.

規則 90（傭兵） サイバー行動に関与する傭兵は，戦闘員免除も捕虜の地位も享受しない．

本規則は戦闘員に関するものであるため，国際武力紛争に限定される．慣習国際法上，傭兵は，戦闘員免除も捕虜の地位も享受しない非特権的交戦者である．とりわけ戦闘員免除が否定される点は，傭兵制度が犯罪とされている多くの国では重要な意味を持つ．傭兵はまた，ジュネーヴ第 1 追加議定書 47 条 2 項で次の 6 つの要件をすべて満たす者と定義されている．すなわち，①特別採用，②敵対行為への直接参加，③主たる動機としての私的利益の願望，④紛争当事国の国民でも紛争当事国の支配する地域の住民でもないこと，⑤紛争当事国の軍隊構成員でないこと，⑥非紛争当事国が自国軍隊構成員として公務で派遣した者でないこと，である．

規則 91（文民） 文民は，敵対行為となるサイバー行動に直接参加することを禁止されないが，当該行為に参加している間，攻撃からの保護を喪失する．

国際武力紛争において，文民とは，正規又は不正規の軍隊構成員（規則 87）及び群民兵（規則 88）以外のすべての者を指す．専門家集団の多数意見によれば，文民は，サイバー敵対行為に直接参加しても引き続き文民の地位を保持する．したがって，例えば国際武力紛争時に愛国的ハッカーが敵国軍隊に攻勢的なサイバー行動を独自に仕掛けた場合，その者は適法な攻撃目標となりうるが，群民兵の資格条件を満たさない限り，戦闘員免除を享受しないこととなる．

これに対して，非国際武力紛争における文民の定義は，戦闘員の概念が存在しないために，本マニュアルの適用上，国際武力紛争の場合とは異なり次のように規定される．すなわち，国の軍隊，反乱軍その他の組織された武装集団以外のすべての個人である．武力紛争法は，文民による非国際武力紛争への参加についても禁止していないが，参加するすべての者は，敵対行為に直接参加しない者に対する攻撃の禁止（規則 94）等の特定の禁止規定を遵守しなければならない．ただしそれでもなお，当該文民がこれを捕らえた国の国内法（当該参加の禁止を含む）に基づく訴追に服することには注意が必要である．

◆ 第2節　攻撃一般

規則92（サイバー攻撃の定義）　サイバー攻撃とは，攻勢としてであるか防御としてであるかを問わず，人に対する傷害若しくは死，又は物に対する損害若しくは破壊を引き起こすことが合理的に予期されるサイバー行動である．

本マニュアルの適用上，本規則の定義は，国際武力紛争と非国際武力紛争の双方に等しく適用される．このジュネーヴ第1追加議定書49条1項に基づく一般的に認められた武力紛争法上の定義によって，攻撃とは，目標に対する暴力の行使として他の軍事行動と区別される．したがって，心理的サイバー行動やサイバー諜報のような非暴力的行動は，攻撃としての性格を持たない．

ただし，「暴力行為」は，キネティックな力を放出する活動に限定するものと解されてはならない．事実，化学的，生物的，又は放射能による攻撃は，通常，目標にキネティックな効果を及ぼさないが，武力紛争法上の攻撃を構成することに異論はない．つまり，この概念の核心とは引き起こされる効果にあり，効果として生じる危害こそが，目標によりそのようなものとして認識されるか否か又は意図的なものであるか否かを問わず，攻撃であるか否かを決定するのである．この場合，人に対しては傷害（深刻な病気，重度の精神的苦痛等を含む）若しくは死，又は物に対しては損害若しくは破壊を引き起こすかが，危害の敷居となる．例えば，送電網を制御するSCADAシステムの稼働に変更を加えることで火事を引き起こすようなサイバー行動であれば，その結果が破壊的なものであることから攻撃となる．ただし，専門家集団によれば，僅少な（*de minimis*）損害又は破壊の程度ではこの敷居に達しない．また，効果として生じる危害は，合理的に予見可能なものであれば良い（したがって，問題となるサイバー行動の成否は問わない）．例えば，SCADAシステムを操作することでダムの水を放水すれば，当該システム自体が損害を被らなくても，下流が広範囲にわたり破壊されることは予想できる．

本規則の適用対象は，個人や物理的な物体に対するサイバー行動だけでなく，非物理的な存在であるデータに対するものも含まれると解されるべきである．データへの攻撃を目的とするサイバー行動もまた，個人の死傷又は物理的な物体の損傷若しくは破壊をもたらすことが予見可能である場合には，攻撃となる．

本規則において専門家集団の間で多くの議論を呼んだのは，危害，とりわけ物の損害をどのように評価するかという問題であった．例えば，対象の持つ機能にサイバー手段で介入することが本規則における損害又は破壊となるかについて，多数派は，機能回復のために当該対象の物理的な構成要素を換装することが必要となる場合には損害が発生すると考えた（さらに多数派の中には，特定のデータの消去や書き換えを目的とするサイバー行動によって，目標となるサイバー・インフラが本来の機能を回復するには，OS又は特定のデータの再インストールが必要となる場合もこれに含まれると主張する者もいた）．また，こうした損害までをも引き起こすわけではないが，例えば国中のあらゆる電子メールの通信を妨害するような悪影響を大規模にもたらすサイバー行動を危害として評価できるのかどうかについても議論が集中した．多数意見によれば，これまで無線通信又はテレビ放送の妨害が武力紛争法上の攻撃でないと考えられてきたことに鑑みれば，武力紛争法はそこまで攻撃の概念を拡大しているとはいえない．もっとも，そうした攻撃に至らないサイバー行動であっても，連座刑（規則144）のような武力紛争法上の関係規則がこれを規律しうることについては専門家集団の間で意見が一致した．

なお，攻撃の実行者を特定する際には注意が必要である．例えば，ある者が受信した電子メールにはマルウェアに感染したファイルが添付されていたにもかかわらず，その者はこれに気づかず他人に転送してしまったとする．転送された者が後に感染した添付ファイルを開いて攻撃に必要な水準の危害が発生したとしても，この場合の実行者は，転送者ではなく，最初に感染ファイルを添付して電子メールを送信した者である．ただし，転送者がマルウェアに感染した事実を知りながら転送した場合は，最初の送信者と転送者の両方が攻撃の実行者となる．

規則93（区別）　区別原則は，サイバー攻撃に適用される．

慣習国際法であるジュネーヴ第1追加議定書48条に基づき，紛争当事者は，文民たる住民及び民用物を尊重し，及び保護することを確保するため，文民たる住民と戦闘員（非国際武力紛争の場合は国の軍隊，反乱軍その他の組織された武装集団）とを，また，民用物と軍事目標とを常に区別し，さらに軍事目標のみを軍事行動の対象としなければならない．この区別原則は，国際武力紛争と非国際武力紛争の双方に適用される．

もっとも，文民たる住民に対する紛争当事者の行動が適法となる場合は存在する．例えば，チラシを散布したりプロパガンダ放送を流したりすることは，文民に対するものであっても禁止されない．サイバー戦の文脈でいえば，敵の住民に電子メールを送信して降伏を促しても武力紛争法には反しないだろう．区別原則が禁止するのは，あくまで攻撃（規則92）の水準に達するサイバー行動を文民又は民用物（その他保護される人又は物）に対して行うことである．

◆ 第3節　人に対する攻撃

規則94（文民への攻撃の禁止）　文民たる住民は，それ自体として，個々の文民と同様にサイバー攻撃の対象としてはならない．

文民たる住民とは，文民（規則91）であるすべての者をいう．ただし，文民たる住民の中に文民でない者がいたとしても，そのことによって当該住民から文民としての性質が奪われることはない．

本規則にいうサイバー攻撃の「対象」とは，サイバー行動が向けられた者である．文民はこの対象にはならず，当該攻撃から保護されるが，敵対行為に直接参加している間（規則97）はこの限りではない．また，サイバー攻撃によって付随的な損害，破壊，傷害又は死が文民に及んでも，本規則が禁止する，当該文民を当該攻撃の「対象」にすることには当たらない．

規則95（個人の地位に関する疑義）　ある者が文民であるか否かについて疑義がある場合には，文民とみなされる．

文民の推定に関する本規則は，慣習国際法として国際武力紛争と非国際武力紛争の双方に適用される．ただし，攻撃を受ける側も予防措置をとる義務（規則121）があることに鑑み，多くの専門家は，本規則によって，疑義のある場合に文民でないことを証明する責任を攻撃側だけが負うことに反対し，またそのように解されるべきではないことを強調した．彼らは，このことを明記することを条件として，本規則が本マニュアルで規定されることに同意している．

なお，本規則にいう「疑義のある場合」とは正確にいかなる状況を指すのかについて未解決であり，また，サイバーの文脈では，物理的に目に見えない中で文民の関与が常態と化し軍民の一体化も起こりうる等，本規則は深刻な問題を提起している．

規則 96（攻撃の合法的対象としての個人） **次の者はサイバー攻撃の対象となりうる．**
(a)軍隊の構成員，(b)組織された武装集団の構成員，(c)敵対行為に直接に参加する文民，及び(d)国際武力紛争において群民兵として参加する者．

本規則は，(d)で明示されている場合を除き（規則 88），国際武力紛争と非国際武力紛争の両方に適用される．(a)と(b)は地位を理由に，また(c)と(d)は行為を理由に攻撃対象となる．ただし(a)の軍隊構成員（規則 87）のうち，医療要員又は宗教要員，並びに敵に捕らえられた者，投降した者及び傷病者といった戦闘外にある者（ジュネーヴ第 1 追加議定書 41 条）は攻撃対象にならない．このように攻撃対象は，その者の地位又は行為によって決まる．

(b)の組織された武装集団（規則 83 及び規則 87）の構成員資格については，ある集団に軍事部門と文民部門が存在する場合は軍事部門のみが(b)に当たることにつき専門家集団の間で一致が見られた一方，その他の場合については，国際武力紛争では紛争当事者に「属する」ことを要するかどうかを含め，意見が分かれた．また，民間請負業者については，個人の業者であれば(c)の文民に該当することで専門家集団は一致したが，特定の軍事行動（例えば敵へのサイバー攻撃）の遂行について紛争当事者と契約した企業となると，(b)と(c)のいずれかで意見が分かれた（多数派はこれが(b)に該当するとした）．諜報機関等の文民の国家機関構成員が(b)であるか(c)であるかは，状況次第であるとされた．

(d)の群民兵として参加する者については，当該参加行為の期間（period）を通じて攻撃対象になる．ただし攻撃に関する限り，この期間は文民が敵対行為に参加している「間（for such time）」とは基準が異なるため，両者は区別されねばならない（規則 88 及び規則 97）．

規則97（敵対行為に直接参加する文民）　文民は，敵対行為に直接に参加していない限り，攻撃からの保護を享受する．

本規則は，ジュネーヴ第1追加議定書51条3項及び第2追加議定書13条3項に基づく慣習国際法として，国際武力紛争と非国際武力紛争の両方における文民に適用される．

自身の敵対行為への直接参加により，文民はサイバー又は他の合法的な手段による攻撃対象となる．さらに，攻撃の均衡性評価（規則113）又は軍事行動の間の予防措置決定（規則114－120）の際に，当該文民に対する危害が考慮されることはない．

本規則において文民による「作為（act）」が求められることは，とりわけサイバーの文脈で強調しておく必要がある．例えば，知らないうちに自身のコンピュータがサイバー攻撃のために用いられたボットネットの一部となった場合，その文民は敵対行為に直接参加しているとはいえない．もっともこの場合，コンピュータ自体は，その時点における状況において武力紛争法上の要件を満たす限り，軍事目標になりうる（規則100）．

専門家集団は，ICRCの解釈指針で規定された，敵対行為への直接参加となるための3つの基準について一般的に同意した（詳しくは，赤十字国際委員会［黒﨑将広訳］『国際人道法上の敵対行為への直接参加の概念に関する解釈指針』赤十字国際委員会，2012年参照）．すなわち，第1に，問題となる行為（又は密接に関連した一連の行為）は，武力紛争当事者の軍事行動若しくは軍事施設に不利な影響を及ぼす効果，又は直接の攻撃から保護される人や物に対して，死，傷害若しくは破壊を与える効果が意図されているか又は実際に存在していなければならない（危害の敷居）．この基準において，人又は物に対する物理的な危害は必ずしも要件とされない．したがって，例えばサイバー攻撃に至らないサイバー行動であっても，敵に対して指揮統制ネットワークを妨害するような何らかの軍事的な影響を及ぼすものであれば，この基準は満たされる．自国軍隊の軍事能力を強化する行為もまた，必然的に敵軍の相対的地位を弱めることを理由にこの基準を満たすと考える専門家もいた．第2に，問題となる行為と，意図された又は実際に引き起こされた危害との間には，直接的な因果関係の結びつきがなければならない（因果関係）．第3に，問題となる行為は，敵対行為に直接関係したものでなければならない（交戦者とのつながり）．純粋に犯罪目的又は私益から武力紛争時に文民が行う場合は，この基準によって除外される．

もっとも，以上の要件をすべて満たして敵対行為への直接参加となる行為が何であるかをサイバーの文脈で特定することは難しい．実際，例えば文民の作成したマルウェアが武力紛争当事者によるサイバー攻撃に利用されることが明白であっても，その攻撃対象が誰かまではわからない場合に当該文民の行為がこれに該当するかどうかについては，因果関係の問題を中心に専門家の間で意見が分かれた．他方，当該参加に該当しない場合はいくつか存在する．例えば，ある文民がマルウェアを作成した後，これをオンラインで公開して誰でも利用可能なものとした場合，それが武力紛争当事者によってサイバー攻撃に利用されたとしても，当該文民による行為が敵対行為への直接参加になることはない．文民がコンピュータ機器を通常業務としてメンテナンスした後，武力紛争当事者が当該機器を敵対行為のために利用する場合も同様であろう．

文民は敵対行為に直接参加している間に攻撃対象となるが，問題はその間（unless and for such time）がどれほどの期間を指すのかである．直接参加となる作為の直前又は直後の動作（例えばサイバー攻撃の拠点への又は拠点からの移動）がこれに含まれることについては同意が得られたものの，それ以上のことについて明確な見解の一致は見られなかった．サイバーの文脈でこの点がとくに重要になるのが，いわゆる「遅延効果（delayed effects）」の問題である．例えば，将来のある時点で起爆するよう設計された論理爆弾を設置する場合でそれは問題となる．起爆装置はあらかじめ設定された時間に作動する場合もあれば，命令によってあるいは目標となるシステムの特定の行為（例えば地対空ミサイルの火器管制レーダの作動）によって作動する場合もある．この点について専門家集団の多数は，問題となる文民による敵対行為への直接参加の期間が，自身が関与する行動任務の立案から当該任務における自身の積極的役割が終了するまでの間にまで及ぶと考えた．先の事例でいえば，論理爆弾をどのように設置するかをその者が計画する時点より直接参加は始まり，その者が起爆を命令する時点で終わるということである．この点で直接参加の終了は必ずしも損害発生の時点と一致しないことには注意が必要である．とくに論理爆弾の設置と起爆命令が同一人物でない場合はそうだろう．

さらに敵対行為に直接参加する期間で問題となるのが，直接参加となるサイバー行動を文民が繰り返し行う場合である．これは，同一の又は異なる複数の目標に対する多くの行動を同一の文民が繰り返し時間をかけて行うことが多いサイバーの文脈では，とくに起こりうる問題である（例えば個人のハクティヴィストが，敵の指揮統制システムに対し，1か月間にサイバー攻撃を7回行う場合）．しかしながら専門家集団は，この問題について意見の一致を見ることができなかった．ある専門家は，ICRCの解釈指針に従い，反復行為を構成する個々の行為に照らして個別に判断しなければならないと考えた．これに対して別の専門家は，そうした見方では，保護される文民と保護されない文民とを頻繁に行き来する「回転扉」の問題が攻撃の際に生じることから，これを認めてしまえば実際に対処する上で不合理な結果を招きかねないと考え，直接参加は断続的な活動の間も継続する（先の例でいえば1か月間攻撃対象であり続けるが，当該攻撃の終了を示す明確な兆候がなければそれ以降も継続する）と主張した．

文民が敵対行為に直接参加しているかどうかについて疑義がある場合の推定についても，文民自体の地位に疑義がある場合を扱った規則95を本規則に類推適用すべきかどうかを含め，専門家集団は意見の一致を見ることができなかった．

規則98（恐怖による攻撃）　文民たる住民の間に恐怖を広げることを主たる目的とするサイバー攻撃又はその威嚇は，禁止される．

本規則が禁止するのは，文民たる住民に恐怖を広めることを目的としたサイバー攻撃（規則92）とその威嚇である．したがって，戦闘員を含む軍事目標への恐怖を目的とした攻撃は，本規則から除外される．また，本規則では攻撃実行者の意図が要件とされる．その際，専門家集団は，企図された恐怖の対象がわずか数名の文民ではなく，住民の大多数でなければならない（攻撃対象自体は1名であっても良い）ことに同意した．

たとえば，文民たる住民を恐怖に陥れることを主な目的として，公共交通システムに死または傷害を引き起こすサイバー攻撃を行えば，本規則の違反となる．この場合はさらに，文民及び民用物（規則94及び99）への不法な攻撃となることにも注意が必要である．また，飲料水を汚染して死又は病気を引き起こすために，とある都市の配水システムを無力化するサイバー攻撃を行うと威嚇することも，それが文民たる住民の間に恐怖を広げることを主たる目的とするものであるなら，やはり本規則の違反となる．他方，パニックを引き起こすことを目的として，強い感染力を持ち死に至る病が急速に住民の間で広がっているという虚偽のツイート（ツイッターメッセージ）をしても，当該ツイートは攻撃（規則 92）に当たらないので，威嚇であっても本規則の違反にはならない．

◆ 第 4 節　物に対する攻撃

規則 99（民用物への攻撃の禁止）**民用物はサイバー攻撃の対象とされてはならない．コンピュータ，コンピュータ・ネットワーク及びサイバー・インフラは，それらが軍事目標である場合にはサイバー攻撃の対象となりうる．**

民用物に対する攻撃の禁止は，歴史上，「国家が戦争の間達成を努めなければならない正当な目標は，敵の軍事力を弱体化することである」と定める 1868 年サンクト・ペテルブルク宣言に由来する．その後，この禁止規範は第 1 追加議定書 52 条 1 に法典化されており，慣習国際法として国際武力紛争及び非国際武力紛争の双方に適用する．

民用物とは，軍事目標ではない物のことである．民用物と軍事目標の定義については，規則 100 を参照のこと．ある物が軍事目標ではなく，保護される民用物か否かの決定は，ケース・バイ・ケースで行う．サイバー攻撃が民用物を標的とする事実は，それだけで十分に本規則の違反にあたる．攻撃が不成功に終わった場合でも同じである．

本規則は，無差別サイバー攻撃の禁止（規則 111）とは区別される．本規則が禁止するのは，保護される物を「攻撃の目標」とすること，言い換えれば，攻撃者がその民用物に「狙いを定める」ことである．他方，無差別攻撃とは，特定の物（又は人）のみを攻撃対象とすることのできないゆえに違法となる攻撃であり，実際に攻撃された物が軍事目標であるか否かの問題は無関係である．また，本規則は，無差別な戦闘の手段又は方法を用いることの禁止（規則 105）とも区別される．

規則100（民用物と軍事目標）　民用物は，軍事目標ではないすべての物をいう．軍事目標は，その性質，位置，用途又は使用が軍事活動に効果的に資する物であってその全面的又は部分的な破壊，奪取又は無効化が，その時点における状況において明確な軍事的利益をもたらすものをいう．軍事目標は，コンピュータ，コンピュータ・ネットワーク及びサイバー・インフラを含みうる．

本規則は，国際武力紛争及び非国際武力紛争に適用する．データは可視化できないため「物」に該当しない．軍のサイバー・インフラやC4ISRシステムなどは「性質」に照らして軍事目標である．また，貯水池の制御システムに対するサイバー攻撃によって，敵軍の展開が予想される地域に大量の水を放出する計画を立てた場合，敵にとって軍事的に有用な当該地域が「位置」の観点で軍事目標である．「用途」とは，その物が将来軍事目的に使用される場合を指す．敵国が特定の製品を軍事目的で購入する計画について確度の高い情報を入手した場合，この製品は軍事目標である．通信衛星に搭載された民生のトランスポンダを軍事利用する意図を紛争当事者が公表した場合も同様である．軍が使用する輸送網，軍事情報を定期的に放送する放送局，軍用機が離発着する滑走路，軍との契約に基づきハードウェア又はソフトウェアを製造する工場は，「使用」の観点から軍事目標である．但し，軍に納める製品が稀にしか製造されない工場は軍事目標とはみなされない．

「軍事活動に効果的に資する」とは，例えば敵の勢力に対して暗号文を伝達するウェブサイトなどを指す．ウェブサイトの内容が単に国民の愛国心を扇動するだけでは不十分である．米国の武力紛争法教範は，軍事目標の例として石油輸出産業のような「経済的目標」を掲げるが，そのような活動と軍事活動との関係は希薄である．

「軍事的利益」は，個々の攻撃ではなく攻撃を全体として見た上で決定する．例えば，主要作戦地域の遠方で敵を欺く目的からサイバー攻撃を行う場合，この奇計は作戦全体の成否を決する可能性がある．この例において軍事的利益とは，奇計を含む作戦全体から予測される利益を指す．他方，「軍事的利益」には，経済的，政治的又は精神的な利益は含まない．民間事業者に対するサイバー攻撃は，一般的には敵国を弱体化させうるものの，現在進行中か又は将来の軍事作戦に対して直接的に影響を与えない．それゆえこの民間事業者は軍事目標にはあたらない．

敵の指揮命令施設が利用する通信サーバーに対するサイバー攻撃は，敵の通信を「無効化」する点で攻撃者にとって明確な軍事的利益をもたらす．但し，国民の士気喪失は，それ自体は軍事目標ではないため，これを目的とするサービス妨害や心理戦などのサイバー行動は違法である．

部隊要員が家族との通信目的で利用する民間の電子メールは，軍事活動とは無関係であるため，このサイバー・インフラは軍事目標に該当しない．但し民間の電子メールが軍事的に有用な情報を伝送する時には，このインフラは軍事目標である．また，ある報道記事が敵の作戦図に効果的に資する場合，その奪取には明確な軍事的利益がある（規則 139）．

規則 101（民生及び軍事の両用に使用される物）　民生及び軍事の双方の目的に使用される物（コンピュータ，コンピュータ・ネットワーク及びサイバー・インフラを含む）は，軍事目標である．

法的には，民用物であることと軍事目標であることは両立しない．軍が利用するサーバーと民生利用サーバーの双方を含むサーバー施設を攻撃する場合には，民生利用サーバーに生じることが予測される損害を，均衡性（規則 113）及び実行可能な予防措置（規則 114－120）を検討する際に考慮しなければならない．

軍用及び民生の双方に利用されるネットワークについては，ネットワークのどの部分を軍用通信が通過するかを知ることは難しく，ネットワーク全体（又は軍用通信の伝送が合理的に予想される部分）が軍事目標とみなされる．例えば道路網について，攻撃者はどの道路が軍によって利用されるかを確実に知ることはできないが，軍がある道路を利用することが合理的に予想される限り，その道路網は軍事目標に該当する．コンピュータ・ネットワークもこれと同じである．

理論上はインターネットが軍事目的に利用されれば，インターネット全体が軍事目標化する．しかしその可能性は実際には低く，法的及び実際上の問題としては，インターネットへの攻撃は，その個別の部分に限定されるべきである．特に攻撃の際は，文民及び民用物への被害を最小限にする要件（規則 114）や，複合的な軍事目標を単一目標として扱うことの禁止（規則112）を考慮しなければならない．また民生利用（緊急事態への対応，災害復旧，法執行，医療）の途絶によって生ずる損壊，傷害又は死亡についても，均衡性を判断する際に考慮しなければならない．

民生の位置情報及び画像提供システムが軍事的に利用された場合，そのシステムは軍事目標化するが，仮にそのシステムの信号を，攻撃未満のサイバー手段によって低下，拒否，途絶又は改ざんすることが可能であれば，そうすることが規則116によって求められる．攻撃に満たないサイバー行動については，武力紛争法上の論点は生起しない．例えば，船舶の位置情報を改ざんすることは，民間船舶及び中立国軍艦に対して相当の注意を払うことを条件として合法である．同システムのインフラが中立国領域内にあるか，又は同システムが中立国によって保有され，かつ交戦国領域外に置かれている場合には，規則150−153を考慮しなければならない．

紛争当事者は，より広範囲のネットワーク帯域幅を軍事目的で必要とする場合，このマニュアルの諸規則に従う限り，自国又は敵国の領域内における民間主体の利用を制限することができる．このことは軍の排他的利用のために公道の利用を制限しうることと同じである．但し紛争当事者は，中立国領域又は交戦国領域外に置かれた中立国のプラットフォームを用いてこの帯域幅を取得することはできない（規則150−151）．

規則102（物の地位に関する疑義）　**通常は民生の用途に供される物が軍事活動に効果的に資するものとして使用されているか否かにつき疑義がある場合には，そのように用いられているとの決定は注意深い評価の後にのみなされうる．**

本規則は国際武力紛争と非国際武力紛争の双方に適用する．本規則は民用物（関連のサイバー・インフラを含む）の軍事目標への変更についての疑義の問題を扱うが，この問題は第1追加議定書52条3及びCCW改正地雷議定書3条8(a)でも扱われている．このような民用物について疑義がある場合には軍事目的に使用されていないものと推定する．

本規則は，攻撃を計画，承認又は実行するすべての者を拘束する．すべての関係者は，攻撃目標が民用物ではないこと，また特別の保護（規則115）を受ける民用物でないことをすべての実行可能な方法によって確認しなければならない．疑義がある場合には，追加的な情報を要求しなければならない．

「通常は民生の用途」の例としては，民間のインターネット事業，民間のソーシャル・メディア・サイト，民間の住宅，商業活動，工場及び教育施設があてはまる．「通常供される」とは，定期的及び効果的な方法で軍事目的に使用されていないことを意味する．

通常は民生の用途に供される物が，少なくとも部分的に軍事利用されていたかもしれないと疑われる場合，攻撃の前に慎重な評価を行わなければならない．すなわち，軍事利用の事実を結論づける合理的な理由がなければならない．その結論に至るために，攻撃者はその時点で合理的に入手しうるすべての情報を考慮しなければならない．結論が合理的であるための重要な基準としては，情報源の信頼性，情報の適時性，欺瞞の公算，データの誤った解釈の可能性が挙げられる．

疑義に対する評価は，攻撃の後に判明した事実によってではなく，攻撃の前に攻撃者がその時点で合理的に利用可能な情報に照らして行う．結論の合理性は，攻撃者が実際に有していた情報収集能力に基づき評価する．攻撃者は，民用物の軍事利用について合理的に結論づける情報収集手段を持ち合わせていない状況があるかもしれないが，そのことは民用物への攻撃を正当化する根拠にはならない．

例えば，敵国領域内の大学のコンピュータ・システムについて軍事利用の疑いがあり，その情報の正確性を評価したところ軍事利用の事実が確認できない場合には，攻撃は許容されない．この場合に許されるのは，攻撃に至らない措置のみである．あるサイバー・インフラが純粋に民生利用に戻ったものの，将来また軍事利用されると判断される場合は，用途基準（規則100）に照らして軍事目標に該当する．

防御する側は，宗教，芸術，科学又は慈善目的に供される物，歴史的建造物，病院及び傷病兵収容施設について特殊標章の表示又は攻撃者への事前の通告などによって，これらのものが真の民用物であることを攻撃者が確認できるよう努めなければならない．

◆ 第5節　戦闘の手段及び方法

規則103（戦闘の手段及び方法の定義）　このマニュアルにおいては，(a)「サイバー戦の手段」とは，サイバー兵器及びそれに連携したサイバー・システムをいう．(b)「サイバー戦の方法」とは，敵対行為を遂行するためのサイバー戦術，技術及び手続をいう．

戦闘の「手段」及び「方法」の語は，武力紛争法の法律用語であり，「サイバー行動」のような法律用語でないものと混同してはならない．本規則は国際武力紛争と非国際武力紛争の双方に適用する．

サイバー兵器とは，人の傷害若しくは死亡又は物の損壊（「攻撃」（規則92）とみなされるために必要な条件）を発生させるために使用，設計，又はその使用が意図された戦闘のサイバー手段を指す．「サイバー戦の手段」には，サイバー兵器及びサイバー兵器システムの双方を含み，この中にはサイバー攻撃（規則92）を行うために使用，設計，又は使用が意図されたあらゆるサイバー装置，資材，機器，機構，機材又はソフトウェアを含む．

コンピュータ・システムを攻撃目標に繋ぐサイバー・インフラ（インターネットを含む）は，戦闘の手段としてのコンピュータ・システムとは全く別物である．戦闘の手段に該当するためには，その物が攻撃者の管理下になければならず，その点でサイバー・インフラは戦闘の手段ではない．

「戦闘の方法」とは，いかにしてサイバー行動が展開されるかに焦点をあてた概念であり，サイバー行動を行うために使用される機器とは区別される．例えば，破壊的なDDoS攻撃を行うためにボットネットを使用する場合，ボットネットはサイバー戦の手段にあたるが，DDoS攻撃はサイバー戦の方法に該当する．

「敵対行為を遂行するためのサイバー戦術，技術及び手続」には，攻撃（規則92）に至らない広範なサイバー行動が含まれる．例えば，敵の通信能力に干渉することを目的としたサイバー行動である．但し，友軍同士で行う通信のようなサイバー活動はここには含まれない．

規則 104（過度の傷害又は無用の苦痛）　その性質上，過度の傷害又は無用の苦痛を引き起こす性質のサイバー戦の手段又は方法を用いることは禁止される．

本規則は国際武力紛争と非国際武力紛争の双方に適用する．本規則は，戦闘員，組織的武装勢力及び敵対行為参加文民にのみ適用する．それ以外の者はそもそも攻撃から保護されており，それらの者への付随的損害は，均衡性（規則113）及び攻撃の際の予防措置（規則 114－120）などの規則によって考慮する．すなわち，過度の傷害又は無用の苦痛は，付随的損害とは全く異なる概念である．

「過度の傷害又は無用の苦痛」とは，ある兵器が，又はある兵器の一定の使い方が苦痛を悪化させるだけで，攻撃者の軍事的利益を生まない状況を指す．「性質」とは，あるサイバー手段又は方法がその意図にかかわらず，過度の傷害又は無用の苦痛を引き起こすことを意味する．傷害又は苦痛を不必要に悪化させることを意図してあるサイバー手段又は方法を用いた場合にも同様に本規則に違反する．

本規則の遵守の有無は，サイバー手段又は方法が通常の状況で使用され，かつその手段又は方法が意図した軍事目標に対して使用されている状況を想定して評価する．サイバー戦の手段又は方法が本規則に違反するのは稀だが，抽象的には合法な戦闘の手段又は方法が，追求される軍事的利益との関係で不必要な苦痛をもたらす場合がありうる．例えば除細動機能付きのペースメーカーを装着している敵戦闘員に対して，ペースメーカーの制御を遠隔で奪取し，除細動機能を用いて心臓を麻痺させることによって，この戦闘員を殺害し又は戦闘外に置くことは合法である．しかしながら，合法的な軍事目的とは無関係か又はその目的を逸脱して，一層の苦痛をもたらすことだけを目的とする方法によってサイバー行動を遂行することは違法である．例えば，最終的に殺害する前に敵戦闘員の心臓の停止と蘇生を何度も繰り返すことは，なんら軍事目的に資さない苦痛を引き起こすだけであり違法である．

規則105（無差別な手段又は方法）　性質上，無差別なサイバー戦の手段又は方法を用いることは禁止される．サイバー戦の手段又は方法は，次の2つの場合において，軍事目標と文民又は民用物とを区別しないでこれらに打撃を与える性質を有する場合，性質上，無差別である．
(a)特定の軍事目標のみを対象とすることのできない場合，又は(b)武力紛争で定める限度を超える影響を及ぼす場合．

本規則は国際武力紛争と非国際武力紛争の双方に適用する．本規則は，サイバー手段又は方法そのものの合法性に関する規則であり，特定の状況における使い方の合法性は対象としない．(a)は，いわゆる「暗闇での発砲」を禁止する．すなわち，武力紛争法上保護されるサイバー・インフラではなく，特定の合法的な軍事目標のみを対象としていることについて合理的な確実性で予測できない状況である．技術開発の進展によって兵器の精度が向上し，また，そうした精度の高いシステムが広く浸透することによって，ある兵器が特定の軍事目標のみを対象としているか否かの判断基準は，時の経過と共により厳しいものになる可能性がある．

(b)が禁止するのは，民用物その他の保護されたサイバー・インフラに対して無制御にその影響が拡散し，それらの物に対して損害をもたらす兵器である．例えば，ある国が特定の軍用コンピュータ・ネットワークを狙う能力を備えたマルウェアを開発した．ところがそのマルウェアは，軍用ネットワークに感染した後制御不能になり，必然的かつ有害な方法で民生ネットワークに拡散したとする．このようなマルウェアは本規則の(b)に違反する．但しここでの有害な影響は，付随的な損害（規則113）に匹敵する程度の損害でなければならない．単に不便又は迷惑な程度の影響は，損害とはみなされない．例えば，スタックスネットのようなマルウェアが民生システムに広範に拡散したが，被害は敵が保有する特定の技術的装置にとどまる場合には，このマルウェアは本規則の違反にあたらない．

システムの予測不能な誤作動又は再構成によって無差別な影響をもたらす戦闘の手段は本規則に違反しないが，兵器は，適切かつ包括的な法的評価（規則110）に基づき合法であると評価された後でなければ実戦使用されてはならない．

あるサイバー戦の手段が複数の目標を区別することができない場合であっても，それを閉鎖的な軍用ネットワークに対して使用することは合法である．この場合，保護された民生システムに対して制御不能な影響が拡散する危険性はほとんど存在しないからである．

規則 106（サイバー・ブービートラップ）　武力紛争法において特定されたある種のものを利用したサイバー・ブービートラップを用いることは禁止される．

本規則は国際武力紛争と非国際武力紛争の双方に適用する．ブービートラップとは，外見上無害な物を何人かが動かし若しくはこれに接近し又は一見安全と思われる行為を行ったとき突然に機能する装置又は物質で，殺傷を目的として設計され，組み立てられ又は用いられるものをいう（CCW 改正第 2 議定書 2 条 4，CCW 第 2 議定書 2 条 2）．サイバー手段によっても物理的なブービートラップと同一の目的を達成できるのであれば，この規則はサイバー手段にも適用される．

第 1 に予測不能な方法によって不意に又は付随的に機能するコードは，「突然に機能する」とは言えない．第 2 に「殺傷」の基準との関係では，物を壊すだけでは不十分である．第 3 にサイバー・ブービートラップは，合理的な人間にとって無害に見えるか，又は一見安全な行為を行っていなければならない．第 4 にサイバー・ブービートラップであるためには，次のものをある程度利用していなければならない．とりわけサイバーの文脈から関連があるものとしては，医療機能，児童の治療又は教育，宗教上の機能及び文化，歴史又は霊的な機能である．例えば，下水処理場の職員に対して，同施設内の医師が送信者であると偽装して，マルウェア（キル・スイッチなど）付の電子メールを送信したとする．この下水処理施設は，軍及び文民が利用している．マルウェアは，メール開封後，下水浄化機能を停止させ，下水は軍が利用する水供給施設に運ばれた．軍内部の病気の蔓延がマルウェア送信者の目的であった．メール受信者は，医師からのメールを開封することは安全と考えており，またこのメールは医療に関連するような外見を備えていたことから，このマルウェアは違法なサイバー・ブービートラップに該当する．またこの一連の活動は均衡性規則（規則 113）に従っているかにかかわらず，違法である．

本規則は武力紛争法のその他の規則を妨げないため，本規則に違反しないサイバー・ブービートラップであっても，背信行為の禁止（規則122）その他の武力紛争法の諸規則に反することがある．

規則107（飢餓）　サイバー戦の方法としての文民の飢餓は禁止される．

本規則は国際武力紛争と非国際武力紛争の双方に適用する．「飢餓」とは，文民（敵の文民に限らない）を弱体化又は殺害する目的から，意図的に食料（水を含む）を与えないことを意味する．本規則の違反が成立するためには，飢餓は敵対紛争当事者が文民に対して意図的に用いる戦術でなければならない．

サイバー行動は次のような例外的な場合にのみ本規則に違反すると考えられる．例えば，文民用の食料を損傷する目的で食料輸送を妨害し，また食品加工及び貯蔵施設を標的とするサイバー行動については，その目的が文民の飢餓であることから，禁止された文民の飢餓に該当する（文民の生存に不可欠な物の保護に関する規則141も参照）．敵の軍隊又は組織的武装勢力に対して食料を与えないことは，仮に文民に対して付随的な悪影響が及んでも本規則に違反しない．この場合の付随的に起こる飢餓は，均衡性規則（規則113）及び予防措置（規則114－120）に従って評価される．

規則108（戦時復仇）　(a)戦争捕虜，(b)抑留された文民，占領地又は紛争の敵対当事者の権力内にある文民及びその者の財産，(c)戦闘外にある者，及び(d)医療及び宗教に関する要員，施設，車両及び装備に対するサイバー行動による戦時復仇は禁止される．国際法によって禁止されない場合であっても，戦時復仇は厳格な要件に服する．

戦時復仇は国際武力紛争についてのみ適用する．戦時サイバー復仇は，敵の違反行為に対して行われるのでなければ，違法である．戦時サイバー復仇は，違反を犯した敵国による法遵守の促進又は強制を目的としなければならない．その点で戦時復仇は，復讐，懲罰及び報復とは区別される．

また戦時サイバー復仇は，サイバー対抗措置（規則20）とも区別される．対抗措置と異なり，戦時復仇は武力紛争の最中にのみ，武力紛争法の違反に対してのみ行われるものであり，軍隊のみがそれを行うことができる．

サイバー手段による戦時復仇は，傷病兵，難船者，医療要員及び部隊，医療施設，医療輸送手段，宗教者，捕虜，文民条約によって保護された紛争当事国の権力内にある抑留文民その他の文民，又はそれらの者の財産に対して行うことが禁止される．この禁止規則は，ジュネーヴ諸条約がほぼ普遍的に批准されており，かつその後の国家実行も一貫していることからも，今日すべての国家を拘束する慣習国際法として受け入れられているとみなすことができる．

その他の戦時復仇の要件としてICRC慣習国際人道法研究は，次のことを挙げている．敵国に対して法遵守を促す他の合法的な措置がない場合の最後の手段であること，先行する違反行為に均衡すること，敵国が法を遵守したら中止することである．これらの条件は一般的に諸国に支持されている．

戦時復仇には種類の要件がないため，物理的な武力紛争法違反行為に対してサイバー行動を用いた戦時復仇を行うことができる．またその逆も可能である．

仮に第1追加議定書の非締約国内にある軍の医療施設が，敵国によって爆撃された場合，被害国の首相は，加害国に対して攻撃中止の要求を尽くした後で，専ら文民に電力を供給するために稼働している敵国の発電所に対してサイバー攻撃を許可することができる．被害国によるこのサイバー攻撃の目的が，自国領域内の軍事医療施設への敵の攻撃を止めさせることにあり，その目的が達成された時点で復仇措置を中止する旨の厳格な指示を出していたのであれば，この戦時復仇は本規則に照らして合法である（但し第1追加議定書締約国については，同52条1が民用物に対する戦時復仇を禁じているため，この結論はあてはまらない）．しかしながら，この被害国が，加害国の軍事医療施設に対してサイバー攻撃を行うことは違法である．なぜなら軍事医療施設には戦時復仇からの保護が認められているからである．

文化財に対する戦時復仇については論争があるが，少なくとも1954年文化財保護条約の締約国は同4条4によって文化財への戦時復仇が禁止される．

規則109（第1追加議定書の下での復仇）　第1追加議定書は，締約国が文民たる住民，個々の文民，民用物，文化財及び礼拝所，文民たる住民の生存に不可欠な物，自然環境，ダム，堤防及び原子力発電所を復仇によるサイバー攻撃の対象とすることを禁止する．

本規則の元になっているのは第1追加議定書20条，51条6，52条1，53条(c)，54条4，55条2，56条4である．本規則は国際武力紛争について適用する．第1追加議定書の締約国の中には，文民に対する復仇に関して，その禁止を条件付きとする理解を批准の際に示した国がいる．英国やフランスがその例である．従って本規則を適用するためには，国家は第1追加議定書51条6に関する自国の立場を決定し，かつ同規則が問題となっている紛争に適用可能か否かを判断しなければならない．

ICTYは，文民に対する復仇の禁止は慣習国際法であると認定したが，この結論は識者及び諸国からの批判にさらされている．ICRCの慣習国際人道法研究も，相反する国家実行の存在に照らして，そのような慣習法規則はまだ結晶化していないと結論している．それゆえ，本規則の適用は，第1追加議定書の締約国であり，かつこの問題について留保を付していない国に限定される．

規則110（兵器の評価）　(a)すべての国は，自国が取得し又は使用するサイバー戦の手段が当該国を拘束する武力紛争法の規則に合致していることを確保することが求められる．(b)第1追加議定書の締約国は，サイバー戦の新しい手段又は方法の研究，開発，取得又は採用において，その使用が，いくつかの又はすべての場合において同議定書又は当該国に適用される他の国際法規則によって禁止されているか否かを決定することが求められる．

本規則は，特にサイバー兵器として設計され調達されたもの，脆弱性を探索するために開発されたサイバー兵器，当初は非軍事目的で開発された有害なソフトウェアでその後，国家によって取得されたものなどに適用される．

(a)との関連では，国家は戦闘の手段について，使用前に正式な法的評価を行う積極的義務を負うわけでは必ずしもなく，武力紛争法の遵守を確保するための措置を講じていればよい．例えば，適当な地位の指揮官に対する法律顧問の助言である．(b)の義務は，研究，開発，取得及び採用を対象とし，また国際法一般（軍縮の枠組みを含む）への遵守を評価の対象とする点でより広範な義務を課している．もっとも第1追加議定書36条は，特定の評価方法や評価の開示については義務としていない．(a)，(b)の双方との関連では，供給国が既に法的評価を行っていた場合，取得国は，その評価を参照してもよいが，自国が負う国際法上の義務に照らして自ら評価を行わなければならない.

法的評価は，その時点で通常予測される使用方法に照らして行う．仮に実戦使用の差し迫った必要がある場合，法律顧問は，そのサイバー兵器が，又はその意図された使用方法が当該国の国際法上の義務に合致するか否かについて指揮官に助言する責任を負う．実戦配備の後で著しい変更を加えた場合には，その手段又は方法に対して再度法的評価を行う．例えば，敵の陸上配備型レーダー・システムを妨害するサイバー能力は法的評価を要するが，その後，試験又は不作動の修正など些細な変更を加えても，再度評価を行う義務はない．ほとんどの兵器には濫用の可能性があるため，国家はサイバー兵器が濫用される可能性について予見又は分析することまでは求められない.

法的評価の際に考慮すべき項目として，第1にその通常の使用又は意図された使用の状況において，過度の傷害又は無用の苦痛（規則104）を引き起こす性質か否か，第2に性質上，無差別か否か（規則105），第3に環境保護の武力紛争法規則の違反が意図され，又は予測されるか否か，第4に直接規律する特定の条約又は慣習国際法の規定があるか否かが挙げられる.

法的評価の助けとなる情報としては，技術仕様，攻撃目標の性質，その目標に対して意図された影響，その影響を達成する方法，軍事システムと民生システムを識別する能力，意図した影響の範囲などがある．これらの情報は試験結果，過去の実戦使用，コンピュータ・モデリング，実戦に基づく分析，諸概念に関する軍の文書などから得ることが可能である．法的評価を行うために十分かつ信頼性のある情報を収集するには困難が伴うが，法的評価の義務を怠る名目にしてはならない.

◆ 第6節　攻 撃 行 動

規則 111（無差別攻撃）　合法的軍事目標のみを対象とすることができず，結果として合法的軍事目標と文民又は民用物とを区別しないでこれらに打撃を与える性質のサイバー攻撃は，禁止される.

本規則は国際武力紛争と非国際武力紛争の双方に適用する．軍の構成員，組織的武装勢力，敵対行為参加文民又は軍事目標のみを対象とすることのできないサイバー攻撃（規則92）は禁止される．例えば，有害なスクリプトが公開サイトに埋め込まれており，脆弱性のある端末がこれをダウンロード及び実行し，コンピュータに損傷が生じたとする．攻撃者は，軍民の双方がこのウェブサーバーを利用することを把握していた場合，このマルウェアの使用は無差別攻撃にあたる．端末を保有し，このサイトにアクセスした者は誰でもこのマルウェアに感染する危険があるからである．規則105と異なり，本規則はすべての状況において無差別な効果を引き起こすわけではないものの，特定の状況において合法的軍事目標のみを攻撃対象とすることのできない場合に適用される．

例えば，USBメモリを用いてマルウェアを産業制御システムに感染させて故障させる計画を立てたとする．マルウェアの被害が軍事施設に限定される場合には，このマルウェアの使用は無差別攻撃ではない．しかし，最終的には軍の基地で使用されることを願いながらも，マルウェアに感染したUSBメモリを様々な会議の場で故意に放置することによって，マルウェアを拡散させることは，本規則に違反する．

無差別攻撃は，文民及び民用物を意図的に対象とする攻撃（規則94及び99）とは区別される．ある攻撃が無差別か否かの評価はケース・バイ・ケースに行う．この評価の際に考慮すべき要素としては，マルウェアが感染するシステムの性質，使用されるサイバー戦の手段又は方法の性質，計画の程度若しくは質，及び攻撃を計画，承認又は実行したサイバー要員が（無差別攻撃の事実を）知らなかったことの証拠などが挙げられる．

無差別攻撃は成功しない場合でも違法である．例えば，軍民両用のネットワークに対して，被害者の範囲を考慮せずに無差別のサイバー攻撃を行ったところ，ネットワークのファイアウォールによってこの攻撃は遮断されたとする．この攻撃は，開始された事実だけで十分本規則の違反に該当する．

規則112（明確に分離され区別された軍事目標）　主として民生目的に使用されるサイバー・インフラにおける多数のサイバー軍事目標であって明確に分離された別個のものを単一の軍事目標とみなすサイバー攻撃は，そうすることが保護された者又は物を害する場合には禁止される．

本規則は第１追加議定書51条5(a)に由来するが，慣習国際法として国際武力紛争と非国際武力紛争の双方に適用する．

仮に複数の軍用コンピュータが主に民生コンピュータを制御するネットワー

クに繋がっているが，軍用端末のみ個別に攻撃することは可能であるとする（軍用端末のIPアドレスが公知のため）．ところが攻撃者は，軍用端末を無効化するのみならず，民用端末をも損壊するサイバー攻撃の方法を選択した．攻撃者は，複数の軍用端末を単一の目標として扱い，それによって不必要であったにもかかわらず民用端末にも被害を与えた点で，この攻撃方法は本規則に違反する．また別の例として，あるサーバー施設に2台の軍用サーバーが置かれていたとする．このサーバー施設は，民生利用サーバーを主に収納する巨大なデータセンターの一部である．2台の軍用サーバーを収納するサーバー施設の冷却システムだけを遮断するサイバー手段を用いることは技術的に可能であるにもかかわらず，データセンター全体の冷却システムを遮断し，全サーバーを加熱させ損壊する攻撃を行うことは本規則の違反である．

本規則は，攻撃が均衡的（規則113）である場合であっても適用される．例えば，軍民両用システムの中で個々の軍事的構成部分だけを分離して攻撃することが可能な場合は，そのシステム全体を攻撃することは禁止される．人口周密地域内の個々の軍事目標を攻撃するときに区域爆撃が許容されないのと同様に，サイバー攻撃も，実行可能な場合には，軍民両用のサイバー・インフラの中で個々の軍事的要素だけを対象としなければならない．

規則113（均衡性）　予期される具体的かつ直接的な軍事的利益との比較において，巻き添えによる文民の死亡，文民の傷害，民用物の損傷又はこれらの複合した事態を過度に引き起こすことが予測されるサイバー攻撃は禁止される．

本規則は国際武力紛争と非国際武力紛争の双方に適用する．軍事目標に対するサイバー攻撃は，時として民生のサイバー通信ケーブル，衛星その他のインフラを経由して行われるため，こうした民生インフラも攻撃の悪影響を受ける場合がある．このように付随的損害は攻撃の伝送の間に引き起こされる場合もあれば，サイバー攻撃そのものによって引き起こされる場合もある．いずれの付随的損害についても，本規則を適用する際に考慮しなければならない．例えば，軍事目標化した全地球測位システム（GPS）に対する攻撃が，民間船舶及び民間航空機へのデータ配信を妨げ，その結果海難及び航空事故の発生が予測される場合には，その被害が予期される軍事的利益との関連で過度でないかを事前に評価しなければならない．また軍のコンピュータ・システムへのマルウェア攻撃が，民生システムにも感染を広める恐れがある場合にも同様である．他方，このマルウェアがUSBメモリを媒介して民生システムに感染を広げるなど，攻撃者の予期しない又は予見不能な方法によって使用された場合には，その被害は付随的損害には該当せず本規則を適用する上で考慮されない．

「具体的かつ直接的な軍事的利益」とは，単なる憶測ではなく，現実のかつ定量化できる利益であることを意味する．また軍事的利益とは，個別又は特定の攻撃ではなく，すべての攻撃から予期される利益を意味する．例えば，あるサイバー行動と防空レーダーに対するサイバー攻撃を併用した場合には，双方から得られることが予測される軍事的利益が考慮の対象となる．また特定の施設のみが攻撃対象であると敵に信じ込ませるサイバー攻撃を計画すると同時に，敵の防御が手薄となった別の施設に対して大規模攻撃を企てる場合には，前者のみならず後者の攻撃から予期される軍事的利益も併せて考慮しなければならない．

均衡性の判断は，攻撃を計画，承認又は実行する段階を通して行い，その際には，合理的に入手可能でありかつ信頼できる情報をすべて参照しなければならない．本規則は結果論として適用してはならない．

◆ 第７節　予 防 措 置

規則 114（不断の注意）　サイバー行動を含む敵対行為の間は，文民たる住民，個々の文民及び民用物に対する攻撃を差し控えるよう不断の注意を払う．

本規則は国際武力紛争と非国際武力紛争の双方に適用する．「不断の注意」について武力紛争法上の定義は存在しない．「注意」とは，指揮官及び作戦にかかわるすべての関係者が，文民及び民用物に及ぶサイバー行動の影響について常に敏感であり，文民及び民用物に対するあらゆる不必要な影響を回避すべく努力することを意味する．「不断」とは，サイバー行動の準備段階の間のみならず，常時，状況監視を行っていることを意味する．

サイバー行動は複雑であり，民用物が影響を受ける可能性は高いにもかかわらず，サイバー行動の実施主体は時にこれらの問題について正確な理解を有さないため，作戦立案者は適当な予防措置がとられているかの判断について，可能であれば技術に詳しい専門家の助けを利用しなければならない．

合法的な軍事目標をサイバー攻撃から掩(えん)護し又は軍事行動を掩護し，有利にし若しくは妨げるために，文民の所在を利用してはならない．例えば，サイバー攻撃から掩護するために軍事目標である発電所に文民を配置することは違法である．本規則は，民用物一般に適用されるわけではないが，掩護の目的から医療施設を利用することは明らかに違反である．同様の目的で，医療上のサイバー・インフラを利用することも違反である．

規則 115（目標の確認）　サイバー攻撃について計画し又は決定する者は，攻撃の目標が文民又は民用物でなく，かつ，特別の保護の対象ではないものであることを確認するためのすべての実行可能なことを行う．

本規則は国際武力紛争と非国際武力紛争の双方に適用する．本規則は，攻撃を計画し又は決定する者の義務に焦点をおいているが，実際に攻撃を実行する者が決定する立場にある場合には，この実行者は同様に本規則の義務を負う．但し，この攻撃実行者が命令を実行する役割しか担っていない場合には，この者の義務はその状況において実行可能な措置に限定される．仮に，この実行者が継続的にネットワークを監視している状況において，攻撃目標のサイバー環境に重大な変更が生じたことを発見した場合には，直ちに指揮官及び関連の要員に伝達しなければならない．

「すべての実行可能なこと」とは，「すべての実行可能な予防措置」（規則 116）のことであり，「人道上及び軍事上の考慮を含むその時点におけるすべての事情を勘案して実施し得る又は実際に可能と認められる予防措置」（CCW 改正第2議定書3条10）を意味する．特にサイバー攻撃については，この実行可能な予防措置として，ネットワーク図の作図（マッピング）などによってネットワークに関する情報を収集することが含まれる．

仮にある標的に対する攻撃が実施しえないか又は実際に可能ではない場合，その攻撃は差し控えるか，又は作戦を変更しなければならない．例えば標的候補であるサイバー・システムの性質について信頼できる情報が集まらない場合には，合法的な標的であることが十分な情報によって確認できた範囲に攻撃を限定しなければならない．

規則116（手段又は方法の選択）　サイバー攻撃について計画し又は決定する者は，当該攻撃に用いられる攻撃の手段及び方法の選択にあたって，巻き添えによる文民の傷害，文民の死亡及び民用物の損壊を防止し並びに少なくともこれらを最小限にとどめるため，すべての実行可能な予防措置をとる．

本規則は国際武力紛争と非国際武力紛争の双方に適用する．文民及び民用物に対して引き起こすことが予測される付随的損害が，予期される軍事的利益との比較において過度でない場合にも，その損害を最小限にとどめるための実行可能な予防措置をとらなければならない．特に付随的損害を最小限にとどめつつ，期待された軍事的効果を達成できる代替兵器又は戦術がサイバー及び物理的手段の双方において存在する場合には，攻撃者は代替手段を検討しなければならない．もっとも，攻撃者はより軍事的利益が低い代替兵器又は戦術を選択する必要はない．

軍民両用システムに対する攻撃に際しては，民生システムにもたらす付随的損害として直接損害と同様に間接損害を防止し，又は少なくとも最小限にとどめるためにすべての実行可能な予防措置をとらなければならない．この義務は，使用されるサイバー兵器の選択のみならず，その使用方法にも及ぶ．例えば，敵の閉鎖的軍用ネットワークに対してマルウェア攻撃を行うにあたっては，そのネットワーク利用者が保有するUSBメモリにマルウェアを感染させる方法がある．但し，攻撃者はこのUSBメモリが民生ネットワークに繋がった端末に対して使用され，その結果民生ネットワークに付随的損害が引き起こされる可能性について評価し，付随的損害を最小限にとどめることが可能な別種のマルウェアの設計などについて検討しなければならない．

規則117（均衡性に関する予防措置）　攻撃について計画し又は決定する者は，予期される具体的かつ直接的な軍事的利益との比較において，巻き添えによる文民の死亡，文民の傷害及び民用物の損傷又はこれらの複合した事態を過度に引き起こすことが予測されるサイバー攻撃を行う決定を差し控える．

本規則は国際武力紛争と非国際武力紛争の双方に適用する．本規則は，サイバー攻撃を計画し又は決定する者が均衡性を評価すべき個人的義務を継続して負うことを意味する．規則115と同様に，攻撃の実行者が攻撃を決定する立場にもある場合，この実行者も本規則の義務を負う．例えば，これから行う予定の攻撃が，予期せぬ過度の付随的損害を引き起こすことが判明した場合，攻撃者はこの攻撃を中止しなければならない．

規則118（目標の選択）　第1追加議定書の締約国について，同様の軍事的利益を得るため複数の軍事目標の中で選択が可能な場合には，サイバー攻撃のために選択する目標は，攻撃によって文民の生命及び民用物にもたらされる危険が最小であることが予測されるものでなければならない．

本規則は国際武力紛争と非国際武力紛争の双方に適用する．本規則は，攻撃目標の選定，攻撃の承認及び実行にかかわるすべての者に適用される．「危険」とは，サイバー攻撃の直接的又は間接的影響による文民の死亡，傷害，又は民用物の損壊を意味する．一定の状況においては機能の奪取（規則92）も含まれる．「選択が可能」か否かは，その時点における状況において決定されるべき事実の問題である．選択肢は単なる可能性ではなく，実用性，軍事的な可能性，及び技術的観点からの成功の見込みなどの諸々の要素に照らして合理的なものでなければならない．「同様の軍事的利益」は，質的又は量的に同一である必要はないが，同程度の軍事的効果を達成することを意味する．

軍事的利益は，作戦を個々にではなく全体として見た上で決定する．仮に付随的損害がより小さい見込みの攻撃方法があるとしても，その攻撃方法が当初意図された軍事目的を達成しない場合にはその方法を選択する義務はない．例えば，敵の指揮命令ネットワークの妨害を行うために軍事的に実行可能な2つの選択肢がある．第1は，敵の通信システムも利用する軍民両用の配電網に対するサイバー攻撃である．この攻撃は，均衡的ではあるが重大な付随的損害がもたらされる可能性が高い．第2は，敵の指揮命令ネットワークに対する直接的なサイバー攻撃である．この第2の選択肢が，敵の指揮命令ネットワークに対して期待される効果を達成でき，またより少ない付随的損害で済む場合には，この攻撃方法を選ばなければならない．

規則119（攻撃の中止又は停止）　サイバー攻撃を計画，承認又は実行する者は，(a)その目標が軍事目標でないこと若しくは特別の保護の対象であること，又は(b)当該攻撃が予期される具体的かつ直接的な軍事的利益との比較において，直接若しくは間接に巻き添えによる文民の死亡，文民の傷害，民用物の損傷又はこれらの複合した事態を過度に引き起こすことが予測されることが明白となった場合には，攻撃を中止し又は停止する．

本規則は国際武力紛争と非国際武力紛争の双方に適用する．(a)は，攻撃目標の地位を確認するための予防措置の義務（規則115）の帰結である．(b)は，均衡性（規則113）及び攻撃の計画又は承認者の義務（規則117）の帰結である．本規則は，すべての必要な予防措置がとられたものの過度の付随的損害が引き起こされることが新しい事実によって判明した状況に適用される．

サイバー攻撃の中止又は停止が実際上可能か否かは，事例ごとに異なりうる．例えば，ルートキットの一部として論理爆弾を用いる攻撃の場合には，攻撃を中止又は停止する機会は数多く存在する．事実が「明白となった」とは，消極的な意味にとどまらず，攻撃者は，実行可能な限りにおいて攻撃を監視する義務を負う．攻撃の種類によっては，監視の継続は難しい場合がありうる．この時，中止又は停止をすべきかの判断は実際上困難である．こうした場合には，計画及び決定段階から検証すべき義務の比重が高まる．

仮にA国が敵対行為の開始前にB国の軍事通信ネットワークに対してルートキットを仕掛けたとする．敵対行為が始まった後で，A国部隊指揮官はルートキット上の論理爆弾を実行するサイバー行動を実行部隊に承認した．ところが，B国が最近軍事通信ネットワークに緊急事態時の通信システムを接続した事実をルートキットのスニファが探知した．A国は，この時さらに偵察を続けて緊急事態時の通信システムの停止によって文民に引き起こされる被害が，攻撃に均衡することを確信するまでその攻撃を中止しなければならない．

規則120（警告）　文民たる住民に影響を及ぼすサイバー攻撃については，効果的な事前の警告を与える．但し，事情の許さない場合は，この限りでない．

本規則は国際武力紛争に適用する．非国際武力紛争についても一定の条約義務については本規則を適用する（例えば地雷，ブービートラップなどに関するCCW改正第2議定書3条11)．本規則は，民用物を損壊するものの文民に全く被害を与えない状況には適用されない．但し，その被害は，文民の死亡又は傷害の危険でなければならず，単に文民にとって不便，迷惑，ストレス又は恐怖にとどまる場合には，本規則を適用するには不十分である．

「効果的」とは，警告の受け手が十分に対応する時間をもって警告を受け取り理解する見込みがあることを意味する．サイバー手段は，サイバー及び物理的攻撃の双方について効果的な警告手段になりうる．

仮に敵がその国民に対して警告を与えることが合理的に結論づけられる場合には，敵を通して警告を伝達することも可能である．但し，敵国が軍事目標から掩護する目的で文民及び民用物を使うなどの場合には，敵国がその国民に警告を与えるとは合理的に考えられないため，攻撃国は，本規則コメンタリーに記した条件に従って，その敵国民に対して直接警告を与える必要がある．

警告の手段は，最も効果的なものである必要はない．例えば，軍民双方の利用者を抱える通信事業者に対して攻撃を予定する場合，攻撃者は，各利用者に対して電子メールを送信するのではなく，国の放送媒体を通して攻撃の通告を行うことも許される．

「事情の許さない場合」とは，警告が攻撃を妨げることを意味する．サイバー攻撃を奇襲として行う場合には，警告は与える必要はない．例えば，敵の効果的なサイバー防御を封じるためには奇襲が必要な場合がある．また，攻撃目標の制御システムにキル・スイッチを埋め込み，一定の時間が経過した後などに実行させる作戦についても，作戦を無効にするような警告は与える必要がない．また，警告は敵に対して反撃の機会を与える恐れがある．サイバー攻撃は，より広範な軍事行動の一部として行われる場合もあり，事前の警告は攻撃に従事する部隊をより重大な危険にさらす恐れがある．

警告は一般的性質のものでよい．例えば，軍民両用の発電所に対するサイバー攻撃の警告は，正確な攻撃地点を特定する必要はない．また，紛争当事者は，奇計（規則123)，すなわち敵を欺く目的で警告を与えることもできる．例えば，軍民両用システムを攻撃する旨の虚偽の声明を行うことは，敵に対して軍事機器の接続を切断させるのに軍事的に有用な場合がありうる．但し，奇計としては禁止されないとしても，将来，真実の警告を与えた時に敵国民がそれを信頼しないなどの悪影響をもたらす場合には，この虚偽の警告は違法である．

規則121（サイバー攻撃の影響に対する予防措置）　武力紛争の当事者は，自国の支配の下にある文民たる住民，個々の文民及び民用物をサイバー攻撃から生ずる危険から保護するため，実行可能な最大限度まで，必要な予防措置をとる．

本規則は，国際武力紛争に限り適用する．規則114－120の予防措置は，攻撃者の義務であるのに対して，本規則は防御側の消極的義務を定める．「自国の支配」とは，敵に占領されていない自国領域に加えて，自国が占領する敵国領域を意味する．また「危険」とは単に不便や迷惑な程度にとどまらず，文民の死亡又は傷害，民用物の損壊などの付随的損害が発生する場合を指す．

予防措置の例としては，軍のサイバー・インフラを民生インフラから分離する，重要インフラの制御システムをインターネットに接続しない，重要な民生データのバックアップを行う，重要なシステムの早期復旧の手配を行う，破壊時の復元に備えて重要な文化財などの電子的記録をとる，付随的損害が予想される民生システムを保護するためアンチ・ウィルス対策を施すなどが挙げられる．軍民両用インフラの分離などが不可能な場合でも，国家は実行可能な限り最大限のその他の予防措置をとらなければならない．ICRCはさらに国家の消極的義務の具体例として，十分な訓練を積んだ文民保護部隊の存在，攻撃警報システム，反撃及び緊急事態における行政サービスを挙げる．特にサイバー攻撃への予防措置としては，システムを保護するソフトウェア製品の配布，ネットワーク及びシステムの監視，予備的帯域幅及びサイバー能力の維持，民生システムへの感染を阻止する対応能力の開発などがある．

本規則は，軍事目標であるサイバー・インフラの近傍にある文民及び民用物に関して国家が負う義務を取り上げるものであり，軍民両用のサイバー・システムについては規則101を参照のこと．

防御側が消極的義務を果たさなくとも，攻撃側はサイバー攻撃を行うことを妨げられないが，均衡性（規則113），積極的な予防措置をとる義務（規則114－120）などは引き続き遵守しなければならない．

◆ 第8節　背信行為及び不適切な使用

規則 122（背信行為）　サイバー行動を含む敵対行為において，背信行為により敵を殺傷することは禁止される．武力紛争法に基づく保護を受ける権利を有するか又は保護を与える義務があると敵が信じるように敵の信頼を誘う行為であって敵の信頼を裏切る意図をもって行われるものは，背信行為を構成する．

本規則は国際武力紛争と非国際武力紛争の双方に適用する．第1追加議定書の締約国については，背信行為によって敵を捕らえることも禁止される．

敵の殺傷の直接的原因でなければ背信行為とはみなされない．例えば，待ち伏せ攻撃を行う目的でICRC職員との虚偽の面会を要請する電子メールを送信した所，面会場所に移動する途上で敵の車両が地雷を踏み，敵の部隊要員が死亡した．地雷の接触は，電子メールの送信者にとって予見不能の事実であり，電子メールの送信が直接的に敵の殺傷を引き起こしたわけではない．それゆえ，この例における背信的電子メールの送信は違法ではない．他方，A国部隊がB国部隊に対して，ある場所で数日後に降伏する旨の電子メールを送信したが，B国部隊が指定された場所と時刻に出向いたところ，A国部隊による待ち伏せ攻撃を受け，何名かの要員が殺害された．背信行為（この例ではメールの送信）が開始された後で敵の殺傷までに相当な時間が経過していても，この行為は違法である．

法に基づく保護について「信頼を誘う」例としては，文民（規則91），民用物（規則100），医療要員又は物（規則131－132），国連の要員又は物（規則79）又は戦闘外にある者（規則96）を装う場合が含まれる．「信頼」には，サイバー・システムの信頼も含まれる．例えば，A国は，B国の指揮官が遠隔操作の可能なペースメーカーを装着していることを把握しており，医療用のネットワークにマルウェアを感染させてペースメーカーの適切な作動を妨げ，指揮官の心臓発作を引き起こした．この例では，B国のコンピュータ・システムの信頼は裏切られており，違法である．

物の損壊のみを引き起こす背信行為は本規則上，違法ではないが，他の国際法に基づき禁止される場合がある．例えば，国連の停戦監視者を装いつつ敵の拠点に立ち入り，敵のコンピュータ・ネットワークに対するサイバー行動を行うことは，本規則には違反しないが，規則125に照らして違法である．

武力紛争において戦闘員としての地位を明示しないことは，戦闘員免除又は捕虜の地位（規則87）を失う恐れはあるものの，それ自体は背信行為ではない．軍事用に使用するウェブサイト，IPアドレスその他の情報技術施設についても，民用物と区別するために軍事利用の事実を明示する義務は存在しない．攻撃者を秘匿するサイバー攻撃も，保護された地位を装うことと同義ではないため，背信行為には該当しない．但し，文民からのメールであるとの敵の信頼を誘い，敵の殺傷を引き起こす場合には背信行為として禁止される．

他方，敵の殺傷を引き起こすサイバー攻撃が，民生のサイバー・インフラを経由して行われたとしても，このインフラは，軍用車両が通る道路，軍用機が使用する民間飛行場と同義であり，背信行為とはみなされない．但し，医療用のコンピュータ・ネットワークのように特別の保護を受ける物については扱いが異なるため，規則132を参照のこと．

サイバー手段による背信行為は，サイバー奇計（規則123）とは区別される．

規則123（奇計）　奇計としての資格を有するサイバー攻撃は許容される．

本規則は国際武力紛争と非国際武力紛争の双方に適用する．奇計とは，敵を欺くこと又は無謀に行動させることを意図した行動であるが，武力紛争法には違反しない．奇計は，保護対象に関して敵の信頼を誘うことがないため背信的ではない．次のものが許容される奇計である．

(1)実存しない軍隊を装う「ダミーの」コンピュータ・システム，
(2)作戦が今にも開始されるか，又は進行中であると敵に誤信させる虚偽の情報の伝達，
(3)虚偽の識別子，コンピュータ・ネットワーク（ハニーネット又はハニーポット），又は電信の利用，
(4)規則98に違反しないサイバー攻撃を装うこと，
(5)敵の指揮官が発したように見せかける偽の命令，
(6)心理戦としての活動，
(7)傍受を意図した虚偽の情報の伝達，及び
(8)敵のID，信号及びパスワードの使用

奇計に共通するのは，実際に進行していることに虚偽の外観を与えることによって，合法的に軍事的利益を獲得することである．敵を欺くために囮（おとり）のソフトウェアを用いることも奇計である．例えば，XML 文書のタグを書き換えるプログラムが起動した後，ハニーポットに敵のサイバー作戦従事者を誘導し，より軍事的価値が高いと見せかけた偽のタグをこの従事者に使うように仕向ける囮のソフトウェアを用いることは合法的な奇計である．

背信行為（規則 122）に該当しない限りにおいて，（視覚的に区別不能な）民生の環境に紛れるために人及び物を偽装することも許容される．例えば，軍のコンピュータ・システムを探知されにくくするため商業用システムと見せかける目的で仮想サーバー上のパブリック・クラウドを利用することは可能だが，仮に文民及び民用物をより高い危険にさらすことによって区別原則（規則 93）を損なう場合には，その作戦は違法である．

規則 124（保護標章の不当な使用）　武力紛争法において定められた保護標章又は信号を不当に使用することは禁止される．

本規則は国際武力紛争と非国際武力紛争の双方に適用する．赤十字及び赤新月（及び現在は使用されない赤のライオン及び赤の太陽）は，特殊保護標章である．1949 年ジュネーヴ諸条約第 3 追加議定書は，従来の特殊標章と同一の地位を持つものとして赤いクリスタルを追加している．また，文民保護の特殊標章，文化財の特殊標章，休戦旗及び第 1 追加議定書附属書に定める電子的信号又は符号などにも本規則は適用される．

背信行為と異なり，本規則の禁止は絶対的である．すなわち敵の殺傷，特に第 1 追加議定書締約国については敵の捕獲に至る行為のみならず，標章を不当に使用すれば常に違法である．他方，保護標章を使用していなければ，仮に保護されている地位を装う場合でも違法とならない．例えば，ICRC 職員を装った電子メールを敵の軍隊に送信したとする．この時，メール送信者は ICRC の標章を使用していないため本規則には違反しない．

但し，国際条約などで認められた例を除き本規則の適用範囲については論争がある．例えば，敵の軍事ネットワークにマルウェアを侵入させる目的で ICRC のドメイン名を詐称した電子メールを送信したとする．第 1 の立場によれば，単にドメイン名を詐称しただけでは違法とならない．反対に第 2 の立場によれば，現行の国際条約を目的論的に解釈すれば，重要な基準は受け手が合理的に信頼したか否かである．それゆえ，ICRCのドメイン名の使用は，敵の信頼を誘っているため違法である．

規則125（国連の標章の不当な使用）　国連によって許可されている場合を除き，サイバー行動において国連の特殊標章を使用することは，禁止される．

本規則は国際武力紛争と非国際武力紛争の双方に適用する．本規則の下で，国連からの通信を詐称する電子メール，及び国連の標章を通信内容に貼付する電子メールは違法である．

他方，国連が武力紛争の当事者であるか，又は進行中の武力紛争に軍事的に介入する状況においては，国連の要員及び機材は合法的な軍事目標であるため，国連の標章は保護すべきものとはみなされない．但し，この場合でも国連の非軍事的機能を遂行する職員，機材等については，それぞれ文民及び民用物として武力紛争法上保護された地位を維持する．

標章が使用されない場合でも，本規則上の違反とみなされるかについては，規則124と同様に2つの異なる見解が存在する．

規則126（敵の標章の不当な使用）　サイバー攻撃を含む攻撃の最中に敵に目撃されている間に敵の旗，軍の標章，記章又は制服を使用することは禁止される．

本規則は国際武力紛争と非国際武力紛争の双方に適用する．第1追加議定書の締約国についてはさらに，攻撃を掩(えん)護し，有利にし，保護し又は妨げるための使用も禁止される（同39条2）．

本規則は，戦地において敵対する紛争当事者を視覚的に区別する歴史的要請が存在したことに由来する．サイバー行動従事者が遠隔でサイバー攻撃を行う場合には，敵との視覚的な接触が存在しないため敵の制服その他の標章などが不当に使用される可能性はない．「敵に目撃されている間」でなければ，敵の旗や標章の使用によって攻撃者を有利にしたり，敵を不利にすることはない．それゆえ，本規則が適用されるのは，サイバー攻撃の実行者が敵に物理的に目撃されている場合に限られる.

保護標章の不当な使用（規則 124）と異なり，サイバー通信で敵の標章などを使用することは合法的な奇計である．英国の教範では次のことを奇計として列挙しているが，いずれもサイバー行動に採用することが可能である．すなわち，敵に傍受させる目的で虚偽の信号や記事を送信すること／敵の信号，パスワード，無線信号符号及び号令を使用すること／現実には地上で部隊が移動中にもかかわらず虚偽の軍事演習を行っている無線放送を流すこと／実際には存在しない部隊との通信を装うこと／空挺，補給部隊又は航空機を敵対区域に降下又は着陸させるために虚偽の地上信号を送信することなどである．

軍のコンピュータのハードウェアには通常，その旨の表示がなされているが，これは敵の物と区別するためのものではない．それゆえ，こうしたハードウェアを遠隔で操作し，敵への攻撃に使用しても，本規則は適用されない．他方，敵の地対空ミサイル発射機の制御をサイバー行動によって奪取し，敵の特殊標章を取り除かずに，敵への攻撃に発射機を使用することは違法である．第 1 追加議定書 39 条 2 の注釈は，第 2 次世界大戦時に敵の制服及び標章の濫用が頻発した反省をふまえて，敵の戦車を捕獲し，それを攻撃に使用するには，事前に標章を取り除くべき厳格な規則を定めることが望ましいとしている．従って，サイバー手段によって制御を奪取できる機器についても，敵の標章が装着されたままでその機器を攻撃目的で使用してはならない．

もっとも海上の武力紛争については第 1 追加議定書 39 条 2 の例外が認められている．軍艦は，交戦の直前まで敵又は中立国の旗を掲げることが許されている．それゆえ，敵又は中立国の旗を掲げた軍艦は，交戦の直前までサイバー行動を行うことができる．

空戦では，適切な標章を装着した軍用機のみが交戦権の行使を許されている．しかし例えば，飛行中の敵の無人航空機（UAV）の制御を奪取した後，自国の標章を装着させずに，偵察任務など攻撃以外の目的で運用することが可能かについては意見の対立がある．

規則 127（中立の標章の不当な使用）　**サイバー行動においては，中立国その他の紛争当事者ではない国の旗，軍の標章，記章又は制服を使用することは禁止される．**

本規則は，国際武力紛争に適用する．非国際武力紛争への適用の有無については論争がある．中立法に関しては規則150－154を参照．「その他の紛争当事者ではない国」は第1追加議定書39条1に由来するが，狭義の中立を採用した国を意味する．

敵が支配する地域において中立国軍隊の制服を着用しながらサイバー攻撃を行うことは違法である．但し，中立国その他の国を装う他の方法を用いることが違法であるかについては，保護標章（規則124）又は国連の標章（規則125）と同様に見解の対立がある．例えば，中立国政府のドメイン名を使用した電子メールが違法であるかについては，規則124を参照．

◆ 第9節　封鎖及び規制区域

規則128（封鎖の維持及び執行）　戦闘のサイバー手段及び方法は，単独で又は他の方法と組み合わせてなされた場合に，国際武力紛争の法と両立しない行為に至らない限り，海上又は空域の封鎖を維持し及び執行するために用いることができる．

封鎖に関する国際法規則は，国際武力紛争に適用する．非国際武力紛争の紛争当事者である国が封鎖を執行しうるのかをめぐっては見解の対立が存在する．非国家主体は，海上又は空域において国際水域又はその上空に封鎖を執行することはできない．サイバー封鎖についても同様である．

推進及び航行システムに対する遠隔サイバー行動などが，封鎖を支援するサイバー行動として行われうる．封鎖を維持又は執行するためのサイバー行動については，物理的な戦闘の手段及び戦闘に関する制限と同一のものが課される．封鎖から予期される具体的かつ直接的な軍事的利益との比較において，文民に対する被害が過度であるか，又は過度であることが予測される場合，封鎖は違法である．

規則129（中立国の活動への封鎖の効果）　海上又は空域の封鎖を執行するためのサイバー行動の使用は，中立国の領域へのアクセスを妨げる又はそれに重大な影響を及ぼす効果を有するものであってはならない．

確立した武力紛争法の諸原則によれば，交戦国がとる措置は中立国の権利に対して相当の注意を払わなければならず侵害してはならない．例えば中立国の領域は不可侵である．

本規則において「アクセス」とは，航空機又は船舶による物理的な近接を意味する．中立国の航空機又は船舶の推進又は航行システムに干渉するサイバー行動は，これらの航空機又は船舶の中立国領空又は領海における運用を効果的に妨げることが可能である．また，飛行場又は港に干渉するサイバー行動は，これらの航空機又は船舶による施設の利用を効果的に妨げ，それによって中立国領域へのアクセスを妨げることが可能である．但し，海空域の封鎖を支援するサイバー行動が，物理的な意味で中立国への近接を妨げる場合には，そのサイバー行動は違法である．但し，海空域の封鎖を支援するサイバー行動が，中立国のサイバー・インフラへのアクセス，又は中立国同士のサイバー通信に結果として干渉する場合には，違法とはみなされない．

他方，サイバー封鎖（敵国の領域又は支配地域を送受信先とする中立国と敵国との間のサイバー通信を遮断するサイバー手段）の一環として，中立国のサイバー・インフラへのアクセスを妨げて中立国同士のサイバー通信に干渉するサイバー行動を行うことは禁止される．中立国領域内に物理的に所在するサイバー・インフラは，国際法が定めた保護が喪失されない限り（規則 76 及び 151），領域主権（規則 1－3）によって保護されているためである．ハーグ陸戦規則 54 条によれば，占領地と中立国を接続する海底ケーブルは，絶対的な必要がある場合には，武力紛争終了後に回復及び賠償を行うことを条件として押収又は破壊することができる．

規則 130（規制区域）　平時又は武力紛争時を問わず，国家が規制区域を設ける場合において，当該区域において自国の権利を行使するために合法的なサイバー行動が用いられうる．

排除区域，飛行禁止区域，警告区域及び海空作戦の直近区域などの規制区域は，武力紛争の最中に設定することができる．もっともこれらの区域は，交戦国か中立国かを問わず，国家が有する権利及び義務には影響を与えない．国際水域及びその上空において，国家は自衛権（規則 71），航飛行の自由，敵対行為の実施について権利を享受する（他国に対する相当の注意原則に従うことを条件とする）．しかしある区域の設定が国家の権利行使に影響を与えることがありうる．例えば，警告区域への航空機の侵入は，侵入機の攻撃意図を判別する基準として考慮することができる．

サイバー行動は，規制区域を設定し，かつ維持する際の宣言及び通知のために利用することができる．例えば，規制区域内の航行の制限について通知を行うか，又は，規制区域に接近する船舶又は航空機に対して警告を発するなどである．同様に，規制区域内での活動により船舶又は航空機が軍事目標化した場合には，武力紛争法に従う限りにおいて，サイバー攻撃を支援又は実行するサイバー行動を用いることも可能である．

◆18◆　特定の人，物及び活動

◆ 第1節　医療要員及び宗教要員並びに医療組織，医療用輸送手段及び医療用物資

規則131（医療要員及び宗教要員並びに医療組織及び医療用輸送手段）　医療要員及び宗教要員並びに医療組織及び医療用輸送手段は，尊重され，保護されなければならず，とりわけ，サイバー攻撃の目標とされてはならない．

本規則は国際武力紛争と非国際武力紛争の双方に適用する．礼拝所は攻撃又はいかなる敵対行為からも保護しなければならない．

尊重の義務は，医療要員若しくは宗教要員又は医療組織若しくは医療用輸送手段の任務遂行が妨害されるか又は人道的任務が悪影響を受けた場合に違反されたものとみなす．例えばGPSの救急ヘリコプターに関するデータの改ざんは，医療用輸送手段に対する攻撃（規則92）には該当しないものの，本規則の下で禁止される．戦闘部隊向けのオンライン宗教放送を遮断することも同様に禁止される．但し敵国の通信全般を遮断した結果，付随的に生じる状況について本規則は適用しない．

保護の義務は，非国家主体などによる医療要員及び宗教要員並びに医療組織及び医療用輸送手段の尊重を確保するために積極的に措置をとる義務を意味す

る．例えば自軍が管理する地域内にある病院がハクティヴィストからサイバー攻撃を受けた場合に，実行可能な限度で防御する義務である．

規則 132（医療用のコンピュータ，コンピュータ・ネットワーク及びデータ） **医療組織及び医療用輸送手段の活動又は運営の不可欠の一部分をなすコンピュータ，コンピュータ・ネットワーク及びデータは，尊重され，保護されなければならず，とりわけ，攻撃の目標とされてはならない．**

本規則は国際武力紛争と非国際武力紛争の双方に適用する．ある医療設備や輸送手段（又はそれに関連したコンピュータ，コンピュータ・ネットワーク及びデータ）が軍事的に有害な行為（規則 134）に濫用されているか否かを判断するために非破壊的なサイバー偵察を行うことは本規則に違反しない．

本規則上「データ」には，医療用機材の適正利用，医療用品の在庫確認に必要なデータが含まれる．患者の治療に必要な個人医療データについても，改ざん，削除又は治療に悪影響を与えるいかなる行為も行ってはならない．

本規則で列挙する物が，人道的任務を逸脱して敵に有害な行為に使用された場合には規則 134 に従い攻撃からの保護を失う．医療データが軍事データと同じデータ・センター，サーバー又はコンピュータに保管される場合には特にこの問題が関係する．

規則 133（識別） **医療組織及び医療用輸送手段の活動又は運営の不可欠の一部分をなすコンピュータ，コンピュータ・ネットワーク及びデータが，電子的表示を含む適切な手段により明確に識別されることを確保するために，すべての実行可能な措置がとられなければならない．そのように識別しないことは，当該コンピュータ，コンピュータ・ネットワーク及びデータから保護される地位を奪うものではない．**

本規則は国際武力紛争と非国際武力紛争の双方に適用する．本規則で挙げたコンピュータ，コンピュータ・ネットワーク及びデータが保護されるのは，これらが果たす医療任務への貢献に由来する．それゆえ，特殊標章がない場合においてもこれらの物は保護を受ける．

例えば，軍の医療データをクラウドに保管する紛争当事者は，当該医療用ファイルに限り拡張子がmil.med.Bである旨を敵対紛争当事者に対して通知する．通知を受けた敵対紛争当事者は，諜報などによってこの事実を確認してサイバー作戦の立案時に当該データの保護を考慮する．

規則134（保護の喪失と警告）　**医療組織及び医療用輸送手段（それらの活動又は運営の不可欠の一部分をなすコンピュータ，コンピュータ・ネットワーク及びデータを含む）が本節により享受する保護は中止されない．但し，それらが人道的機能の他に敵を害する行為のために用いられる場合には，その限りではない．その場合においては，警告（適当な場合には，遵守のための合理的な期限を設けたそれ）が無視された後，はじめて保護を中止することができる．**

本規則は国際武力紛争と非国際武力紛争の双方に適用する．次の行為は敵に有害とみなされない．

①自己又はその責任の下にある傷病兵若しくは難船者の防護のために医療組織の要員が軽火器を携行すること

②医療組織が歩哨又は護衛兵によって警護されていること

③傷病兵から取り上げた携行武器及び弾薬であってまだ適当な機関に引き渡されていないものが医療組織の中にあること，又は

④軍隊構成員その他の戦闘員が医療その他医療組織の任務と両立する理由により医療組織の中にいること

医療用コンピュータのソフトウェアについては，敵に有害な行為として使用する意図がなければ単にその能力があるという理由で保護される地位は失われない．例えばDDoS攻撃に使用可能なソフトウェア又はソフトウェア・エージェントが医療コンピュータ・システムの中にある場合，このシステムは全体として保護される．但し，このソフトウェアなどが軍事目的のために使用され軍事目標化する場合は保護されない．医療コンピュータ・システムへの攻撃を防止するために侵入探知ソフトウェアをインストールする場合も同様に保護される．

警告は，病院への電子メール，ラジオでのメッセージ又は報道発表などにより行われうる．選択された伝達手段が十分に警告として敵側に届いたか否かは

法的な争点となりうる．

合理的な期限を設けた警告は，実行可能な場合に行えばよい．例えば医療コンピュータが濫用されたことによって即座に深刻な被害が発生した場合は，遵守の機会を敵に与えることは実行可能でないか又は遵守の期限を短縮する必要が生ずるかもしれない．

◆ 第2節　抑留された個人

規則135（抑留された個人の保護）　戦争捕虜，収容された被保護者及び他の抑留された個人は，サイバー行動の有害な効果から保護されなければならない．

抑留者は，被抑留者の安全及び健全性に対して責任を有する．すべての被抑留者は，個人の尊厳に対する侵害，拷問その他の虐待，非人道的，侮辱的で体面を汚すことにつながるサイバー行動から保護されなければならない．保護のための実行可能な措置として抑留者，利益保護国及びICRCは，例えば軍事目標に関するデータとこれらの被抑留者に関するデータを別々に保管しなければならない．また，被抑留者のデータを修正し，又は公衆にさらしてはならない．

抑留者は被抑留者の名誉又は尊重を侵害する目的で自己のネットワークやコンピュータが悪用されないよう確保しなければならない．保護は物理的なものにとどまらず，例えば被抑留者を辱め若しくは蔑む情報又は被抑留者の感情を暴露するサイバー行動も禁止される．また屈辱的な内容であって被抑留者を公衆の嘲りや好奇心にさらすような情報又は画像のインターネット投稿も同様である．抑留者は，被抑留者の通信，金融資産又は電子的記録が公的機関や私人によって侵害されないように保護しなければならない．

規則136（抑留された個人の通信）　戦争捕虜，収容された被保護者及び他の抑留された個人による一定の通信の権利は，サイバー行動によって干渉されてはならない．

国際武力紛争において抑留者は捕虜や被抑留文民が外部との関係を維持することを許し，また被抑留者の家族に対して抑留から１週間以内にその旨を通知しなければならない．非国際武力紛争であって，とりわけ第2追加議定書が適用される状況において抑留者は，被抑留者が家族との間で通信を行うことを特に許さなければならない．

通信は伝統的には手紙その他の手書きの通信を意味したが，法的な問題として電子メールなどの電子通信がこれに含まれるか否かは不明確である．仮に抑留者が電子通信を許容するのであれば，当該通信が何ら損なわれることなく受信者に到達することを確保するために合理的かつ実行可能な安全措置をとらなければならない．

被抑留者の通信の権利は，とりわけ通信の頻度や抑留者による検閲などの合理的な条件に服する．抑留者が電子通信を認める場合には特にこの条件設定は重要な問題である．なぜなら抑留施設から外部に送信する通信の宛先は誰であるか，また抑留施設内で受信する通信がマルウェアに感染していないかを調べるのは困難なためである．

抑留者が諜報，サイバー攻撃又は心理作戦を行う目的で被抑留者の通信に有害なコンピュータ・コードを埋め込むことは，本規則上「干渉」として禁止される．

規則 137（軍事活動への強制参加）　**戦争捕虜及び収容された被保護者は，自国を対象とするサイバー行動に参加する又はサイバー行動を支援することを強制されてはならない．**

本規則は非国際武力紛争には適用しない．捕虜はその属する軍隊での任務に照らして敵のコンピュータ・システム又はネットワークについて知識を有しているかもしれず，その場合，抑留者にとってその知識は極めて価値が高い．同様に被抑留文民も作戦又は戦略上重要な情報システムについて専門知識を有しているかもしれない．こうした被抑留者を彼らの本国に有害なサイバー行動に従事させることは明らかに有用であるが，禁止される．

◆ 第3節　児　童

規則 138（児童の保護）　**児童を軍隊に徴集若しくは徴募すること又はサイバー敵対行動に児童が参加することを認めることは禁止される．**

本規則は国際武力紛争と非国際武力紛争の双方に適用する．本規則上，児童とは15歳未満の人を意味する．国家は，児童が敵対行為（規則97）に参加しないことを確保するために実行可能なすべての措置をとらなければならない．

◆ 第4節　報道関係者

規則139（報道関係者の保護）　武力紛争の行われている地域において職業上の危険な任務に従事する文民たる報道関係者は，文民であり，特にサイバー攻撃に関して，敵対行為に直接に参加しない限り，その資格は尊重される．

本規則は国際武力紛争と非国際武力紛争の双方に適用する．紛争当事者は自ら報道関係者に危害を加えてはならないが，他者がサイバー手段で報道関係者に危害を加えることから保護する義務は慣習国際法上負わない．また，本規則で尊重を受けるのは報道関係者自身であり，報道活動やウェブサイト上の投稿内容などの報道対象物は尊重を受けない．勿論，報道関係者が使用するシステム及び機材は，規則100に基づき軍事目標とならない限り民用物として保護される．

報道関係者には，記者，カメラマン，写真家及び音響技術者が含まれる．また専ら電子的な報道機関の関係者もこの定義に含まれる．

従軍記者は，随伴する軍隊から正式に認可を受けており，捕獲された場合に捕虜とみなされる点で，本規則の職業上の危険な任務に従事する報道関係者とは区別される．軍隊構成員がその任務として報道活動を行っても，武力紛争法上は報道関係者ではない．

サイバーその他の手段による報道関係者又は従軍記者の検閲は禁止されない．現代の報道通信のスピード及び広域性は，軍事作戦の成功を脅かすか，また特定の場所に生ずる危険を増大させる恐れがある．それゆえこれらに関する記事の発信を阻止又は制限することは武力紛争法の違反ではない．

報道に使用されるコンピュータ，データ，ネットワーク，通信及び接続網は民用物として受ける以上の保護は享受しない．ある場合にはシステム及び機材は規則149に従って徴発又は没収の対象となりうる．

報道活動の一環としてサイバー手段を用いて調査，インタビュー，筆記及び記録をとること自体は敵対行為への直接の参加とはみなされない．但し，それらの活動が軍事作戦の直接支援として行われれば，敵対行為への直接の参加とみなされる．電子的その他の媒体を用いてプロパガンダを行うことは，それ自体は敵対行為への直接の参加に該当しない．しかし，戦争犯罪，ジェノサイド又は人道に対する罪を扇動するための放送を行った報道関係者は，敵対行為直接参加者とみなされ，その報道関係者が放送に使用したサイバー手段と併せて攻撃に値する軍事目標とみなされる．

◆ 第5節　危険な力を内蔵する施設

規則140（ダム，堤防及び原子力発電所への攻撃中における注意義務）　危険な力の放出及び文民たる住民の間に結果として生じる重大な損失を防ぐため，危険な力を内蔵する工作物及び施設，即ち，ダム，堤防，原子力発電所及びそれらの近傍に位置する施設に対するサイバー攻撃の間は，特別の注意が払われなければならない．

第1追加議定書56条及び第2追加議定書15条は，危険な力を内蔵する施設について一定の例外を条件として，これらの物が軍事目標である場合であっても，これらを攻撃することが危険な力の放出を引き起こし，その結果文民たる住民の間に重大な損失をもたらすときは，攻撃の対象としてはならないと定める．これらの規定は慣習国際法化していないものの両議定書の締約国は両議定書に従わなければならない．但し両議定書の非締約国の中には均衡性規則（規則113）に従って文民はこれらの物への攻撃から生ずる過度の付随的損害から保護されるべきであることを認識している国も存在する．

例えば敵の電力供給を減らすために水力発電所をマルウェアで攻撃する作戦を計画した際に，水門への影響を考慮に入れなかったために下流地域に破滅的被害が出る危険が高い場合には，「特別の注意」を怠ったとみなされる．

本規則はダム，堤防及び原子力施設並びにこれらに近接した軍事目標だけでなく，これらの物と不可分でかつこれらの運用を支援するコンピュータ及びコンピュータ・ネットワークについても適用する．化学工場及び石油精製施設のような危険な力を内蔵するその他の施設（規則99－101及び113－120）には本規則は適用しない．

危険な力を内蔵する施設が普段から軍事作戦の直接支援のために使用されている場合には，本規則の特別の注意義務は適用しない．原子力発電所から供給される電力を軍が時折使用する程度であれば本規則は引き続き適用する．

ダム，堤防及び原子力発電所の運用支援をするコンピュータ及びコンピュータ・ネットワークをサイバー攻撃の対象とする場合には，攻撃の際の予防措置（規則114－120）に関する要件及び均衡性規則（規則113）に従って危険な力の放出を回避するために実行可能なすべての予防措置をとらなければならない．

危険な力を内蔵する物に追加的な保護を与えるために，電子的表示を物理的な特別標章と併用することはとりわけサイバー行動との関係で有効である．

◆ 第6節　文民たる住民の生存に不可欠な物

規則141（生存に不可欠な物の保護）　サイバー行動の手段によって文民たる住民の生存に不可欠な物を攻撃し，破壊し，移動させ又は利用することができないようにすることは，禁止される．

本規則は国際武力紛争と非国際武力紛争の双方に適用する．文民たる住民の生存に不可欠な物とは，食糧，作物，家畜，飲料水の施設及び供給設備，かんがい設備の他，医療品，被服，寝具，避難のための手段等である．心身の健全性又は生活の質を単に高める物は，民用物保護の一般規則（規則99－101）によって保護は受けるものの本規則は適用しない．

インターネットその他の通信ネットワークは，それ自体は文民たる住民の生存に不可欠な物ではない．しかし発電機，かんがい設備及び施設，飲料水の施設，食糧生産設備の機能に不可欠なサイバー・インフラは状況に応じて住民の生存に不可欠な物になりうる．

国際武力紛争においてこれらの物が専ら敵対する紛争当事者の軍隊構成員の生命を維持する手段として又は軍事行動を直接支援する手段として利用されている場合には，本規則は適用しない．但しこれらの2つの例外にあたる場合でも文民たる住民から食料又は水を奪うことによって住民を飢餓の状態に置き又はその移動を余儀なくさせることが予測されるサイバー行動は行ってはならない．

◆ 第7節　文 化 財

規則 142（文化財の尊重及び保護）　武力紛争の当事者は，サイバー行動によって影響を受ける又はサイバー空間に所在する文化財を尊重し，保護しなければならない．とりわけ，デジタル文化財を軍事目的のために使用することは禁止される．

本規則は国際武力紛争と非国際武力紛争の双方に適用する．慣習国際法上，文化財とは「各人民にとってその文化遺産として極めて重要である動産又は不動産」（武力紛争の際の文化財保護条約1条(a)）を意味する．但し武力紛争の際の文化財保護第2議定書の締約国については同議定書の定義に拘束される．

データのように無形のものは，武力紛争法上「物」（規則100）とみなされない．他方，第1追加議定書53条では文化財を一種の「物」として言及している．それゆえオリジナルの文化財が入手不能又は破壊されており，またデジタル複写の数が限られている場合に限り，複製データはデジタル文化財として保護を受ける．例えばモナリザの絵画の超高解像度画像のデジタル複写が一つしか存在しない状況で絵画が破壊された場合には，このデジタル複写が文化財に該当しうる．但しいったんこのデジタル画像が大量に複製され，及びダウンロードされれば，もはやこの画像データは本規則によって保護されない．

デジタル文化財の改ざん，損壊，削除又はデータの破壊のみならず軍事目的の利用は禁止される．例えばジェノサイド，人道に対する罪又は戦争犯罪を遂行する目的で民族の種類を調べるために住民のデジタル歴史資料を利用することは禁止される．

物理的な文化財と同様に，デジタル文化財を軍事目的に利用してはならない．例えば，ステガノグラフィーで修正されたデジタル芸術作品は，軍事的に利用されれば文化財としての保護を喪失する．

デジタル文化財については電子的表示を行うことが有用である．現時点では正式に定まったものはまだないが，ファイル名，電子タグ，デジタル文化財のIPアドレス表の公表又はトップレベルドメイン名の割り当て等，様々な技術的方法がありうる．

◆ 第8節　自然環境

規則143（自然環境の保護）　(a)自然環境は民用物であり，その資格でサイバー攻撃及びその効果からの一般的保護を享受する．(b)第1追加議定書の締約国は，自然環境に対して広範，長期的かつ深刻な損害を与えることを目的とする又は与えることが予測されるサイバー戦の方法又は手段を用いることを禁止される．

本規則の(a)は国際武力紛争と非国際武力紛争の双方に適用する．同(b)は国際武力紛争かつ第1追加議定書締約国のみに適用する．

本規則上「自然環境」とは，地球（生物相，岩石圏，水圏及び気圏を含む）の構造，組成又は運動を意味する（環境改変技術使用禁止条約2条）．環境は軍事目標（規則99－101）とならない限り民用物として直接的なサイバー攻撃から保護される．サイバー攻撃を計画，承認又は実施する者は，自然環境に与えることが予測される付随的損害について均衡性規則（規則113），攻撃の際の予防措置要件（規則114－120）を適用しなければならない．例えば軍の石油備蓄施設に対するサイバー攻撃を計画する際には，石油の漏出により生じうる自然環境への損害を考慮しなければならない．恣意的な環境破壊は禁止される．例えば環境損害のみを目的として水路に油を放出させるサイバー攻撃は違法である．

(b)の「広範，長期的かつ深刻」は加重要件であることから，本規則の違反は環境損害が例外的で深刻な場合にのみ成立する．

◆ 第9節　連座刑

規則144（連座刑）　サイバー手段による連座刑は禁止される．

本規則は国際武力紛争と非国際武力紛争の双方に適用する．例えばある集団が行った行為への報復的制裁を主たる目的として，地域の全住民のインターネット接続をすべて切断することは連座刑にあたる．また一部の反徒が行ったサイバー攻撃への報復として村にあるすべての個人用コンピュータを没収することも同様に禁止される．

◆ 第10節　人道支援

規則145（人道支援）　サイバー行動は，人道支援を供与する公平な努力に不当に干渉するために計画又は実行されてはならない．

本規則は国際武力紛争に適用する．非国際武力紛争については，少なくとも第2追加議定書締約国に本規則を適用する．

本規則上「人道支援」の意味は，第1追加議定書70条の「救済活動」に近い．例えば食糧，医療品，被服，寝具，避難のための手段その他生存に不可欠な物の運搬が該当する．

人道支援の提供は紛争当事国の同意を条件とするが，その条件は合理的でなければならず，救済の努力に「不当に干渉」してはならない．例えばAB間の国際武力紛争中に，NGOが国内避難民を支援する目的で人道的救済活動用のインフラをB国領域内で構築した場合，A国はB国に対するサイバー攻撃の際にNGOの通信その他のサイバー活動に不当に干渉しない義務を負う．

◆19◆　占　領

規則146（占領地における被保護者の尊重）　占領地における被保護者は尊重され，サイバー行動の有害な効果から保護されなければならない．

サイバー空間の占領という概念は存在しない．サイバー行動だけでは占領に該当するための領土への権力を十分に確立又は維持することはできない．但し，サイバー行動は占領に必要な権力の確立又は維持を促進するために活用することができる．

占領国は，人種，宗教又は政治的意見を理由として一部の占領地住民のインターネット利用を中断してはならない．もっとも占領国は，被保護者に関して当該紛争によって必要とされる統制及び安全の措置をとることができる（規則147及び149）．

被保護者は，その家族が所在する場所のいかんを問わず，厳密に私的性質を有する消息をその家族との間で不当に遅延せずに相互に伝えることができなければならない．占領国は被保護者の通信方法として電子メール又はソーシャル・メディアを認める場合には制限を課すことができる．また占領国は，インターネットの利用時刻を制限したり，添付ファイルの転送を禁止したり，接続速度を落としたり，メディア・ストリーミング又はP2Pサービスの利用を制限することができる．しかし占領国は，安全上の理由でインターネット通信を制限した場合には被保護者とその家族とが郵便によって消息を伝えることを認めなければならない．

18歳を超えた被保護者に対しては，一定の条件の下で労働を強制することができるが，児童に対しては目的のいかんを問わず，サイバー関連の労働を強制してはならない（規則138）．

被保護者に対して，軍事作戦の準備のためのサイバー行動，占領国のコンピュータ・ネットワークを保護するための予防的サイバー措置及び軍事作戦に使用予定の占領国のコンピュータ・ネットワークの一般的維持管理を行うことを強制してはならない．また被保護者に対し自国の軍隊又は補助部隊において勤務することを強制してはならない．

占領国は，その状況において実行可能な範囲において，かつ不利な差別をせずに，送電網，浄水施設及び下水処理施設などの公共施設の運用に必要なSCADAシステムなど，占領地住民の生存に不可欠なコンピュータの運用が継続されるよう確保しなければならない．

規則147（占領地における公の秩序及び安全）　占領国は，公の秩序及び安全を可能な限り回復し，確保するため，その権力内ですべての措置をとるが，絶対的な支障がない限り，占領地の現行法（サイバー行動に適用される法を含む）を尊重する．

占領国は，輸送，電力及び飲料水供給網のように占領地が機能するために不可欠なサイバー・インフラを回復し，及び維持しなければならない．また，占領国は宗派間の暴力を扇動し，若しくはサイバー犯罪に寄与するホームページ又はソーシャル・メディアを発見した場合には，そのような活動を中止又は阻止するためにできることをしなければならない．

「占領地の現行法」は，サイバー犯罪や通信傍受を禁じる刑法，インターネット・サービス事業者を規制する法，言論の自由又はプライバシー侵害を規律する法などである．また，宗教の自由など直接サイバー行動を扱うものではないが，それに関連する法も含まれる．占領国は，サイバー手段によって宗教の自由の権利を行使することを妨げてはならない．

占領国は，自国の安全に必要である場合には，占領地の現行法との両立性にかかわらず，サイバー空間における表現の自由を制限することができる．例えばソーシャル・メディアを用いて組織化する抵抗企図に対処するための検閲を行うことができる．また，占領地外のコンピュータ・ネットワークが占領地に端を発するサイバー攻撃の被害を受けた場合には，法令と両立しない措置をとることができる．

占領国は，自国の安全を脅かす場合には，自国のサイバー行動又は軍事通信を害する法令を廃止し，又は停止することができる．また，文民条約その他の国際法規則と両立しない法令を廃止することができる．例えば，人種，宗教又は政治的帰属を理由として一定の集団の人々に対してその意見及び信念の表明を禁じる差別的法令を改廃することができる．占領国は，新たに制定した法令の普及及び国際法規範と両立する限りで，法令の履行確保のためにサイバー手段を利用することができる．

占領国は，占領地の公の秩序及び安全を確保するための新しい法令として，占領地の経済的安定を著しく損なうサイバー犯罪に対処するための規則を採択することができる．

規則148（占領国の安全）　占領国は，自国のサイバー・システムの保全及び信頼性を含む全般的安全を確保するために必要な措置をとることができる．

占領国が本規則に従ってとるべき措置には，占領国に関する情報を反乱勢力に送信するための通信システムの遮断；軍の移動，態勢，兵器，能力又は活動について電子メールの中で言及することの禁止；一定のサーバーの利用に関する軍事上必要な制限；軍当局が回線容量を要する際のインターネット利用の時間制限；安全を脅かす個人によるインターネット利用の制限が挙げられる．例えば，爆弾製造の指示を抵抗勢力の一員に伝えるためにステガノグラフィーが使われたと信じるべき理由が存在するが，どのファイルがその内容を含むか見分ける有効な方法がない場合，占領国は問題の内容を含むと合理的に信じるサイバー通信を阻止又は制限することができる．限られた状況において必要な範囲に限り，状況が十分に解決するまで通信を全般的に制限することもできる．

被保護者に課された制限は，占領国の正当な安全上の懸念を解決するために必要な範囲を超えてはならない．その必要性の判断は，他の通信方法の利用可能性など関係するすべての状況を考慮に入れて行わなければならない．

規則 149（財産の没収及び徴発）　占領法が財産の没収及び徴発を許容する限りにおいて，サイバー・インフラ又はサイバー・システムの支配も同様に許容される．

占領国は，軍事作戦に利用されるコンピュータ，コンピュータ・システム，その他の装置及びメモリなどの国有動産を没収することができる．私有財産は没収されない．徴発は補償と引き換えに私有財産やサービスを取り上げることである．徴発は占領地行政，又は占領軍の所要がある場合に限り，また文民たる住民の要求を考慮に入れた場合に限り許容される．没収又は徴発は物理的なものにとどまらず，占領国が自身の目的のために当該財産を使用し，及び所有者がその利用を否定されている限りで，「仮想的」な没収又は徴発が成立する．

占領国は，サイバー・インフラが内部にある建物などの国有不動産の資本価値を（動産とは別に）保護し，適切な敬意を払って管理しなければならない．

占領行政の促進のために民間保有のサーバーを徴発したり，占領国の必要に応じて民間事業者を通じたインターネット接続を要求することは適当である．

あるサイバー資源が国有又は私有かについて疑いが生じた場合には，私有財産であることが明白とならない限り，国有財産であるとの一般的推定を維持する国家も存在する．

地方自治体及び宗教，慈善，教育，芸術及び学術に供される組織のサイバー財産（国有サイバー財産を含む）は，私有財産として扱う．

報道用の機材は仮に私有財産であっても徴発の対象となりうる．ここでの報道用の機材とは，「報道関係者」（規則 139）が使用し，及び報道関係者が属する組織によって運用される物を意味する．

占領地と中立国領域を繋ぐ海底ケーブル（陸上の構成部品を含む）は，絶対的に必要な場合を除き徴発してはならず，事後に補償を支払わなければならない．

◆20◆ 中　立

規則 150（中立国のサイバー・インフラの保護）　中立国のサイバー・インフラを対象とするサイバー手段による交戦権の行使は禁止される．

本規則は，中立国領域の不可侵性原則に由来する．「対象とする」という語は，中立国のサイバー・インフラに悪影響を及ぼすことを意図していることを示す．交戦国領域内のサーバーに対するサイバー攻撃が中立国領域内のサーバーに対して著しい悪影響を及ぼした場合，その影響が予見可能でなかったならば，この攻撃は中立法に違反しない．中立国の権利が侵害されたか否かの判断にあたっては，非物理的影響も考慮に入れられる．同様に僅かな影響であっても被害紛争当事者による対応が認められないとは考えにくい．

中立領域国内の中立国のサイバー・インフラは，規則 153 の下で保護を失う．さらに，海底ケーブルのように中立国領域外に置かれた中立国のサイバー・インフラは，合法的軍事目標である場合には攻撃や捕獲の対象となりうる．

規則 151（中立国領域におけるサイバー行動）　中立国領域におけるサイバー手段による交戦権の行使は禁止される．

本規則は，中立国領域内からのサイバー行動のみならず，中立国のサイバー・インフラを敵対目的で遠隔操作する場合も含む．

本規則は私人（規則 97 の敵対行為に直接参加する文民）にも，またその行為が国際武力紛争当事者に帰属しない（規則 15 及び 17）団体又は集団に対しても適用しない．

中立国領域外に所在し主権免除（規則 5）を享有する中立国の政府船舶又は政府航空機に搭載されたサイバー手段を用いて軍事通信を行うことは禁止される．

インターネットのように公共，国際的及び広く利用可能なネットワークを軍事目的に使用することは中立法に違反しない．

サイバー兵器（規則 103）を中立国領域を経由して物理的に移送することは禁

止される．中立国領域内のサイバー・インフラを経由してサイバー兵器を移送することも同様である．マルウェアは移送時にパケットに分割することができるが，完成品と分割されたパケットを区別すべき理由は存在しない．もっとも，中立国が移転を阻止するために措置をとる義務は，中立国がその移送について了知し，及び移送を中断させるための措置をとることができる場合に限り適用される（規則 152）．

規則 152（中立国の義務）　中立国は，紛争当事者による交戦権の行使が，自国領域内，又は自国の排他的支配の下にあるサイバー・インフラから行われるのを，了知しながら許容してはならない．

中立国は，武力紛争の開始以前から自国領域内にあるサイバー・インフラを，国際武力紛争当事者が軍事目的に利用することを許してはならず，又は軍事目的のために新しいサイバー・インフラを設置することを許してはならない．インターネットのように公共，国際的及び広く利用可能なネットワーク（規則 151）については，本規則は適用しない．

「自国の排他的支配の下にある」の語は，非商業的な政府のサイバー・インフラ（規則 6 の「政府の支配」の議論も参照）を意味する．これに該当するものについては，場所のいかんを問わず本規則を適用する．

「了知」には実際に知っていた場合にとどまらず，合理的に見て知りえたはずという推定了知も含まれる．但し，推定了知は，中立国が自国領域内のサイバー・インフラが紛争当事者によって使用されないように積極的に監視する義務を伴わない．

「了知しながら許容してはならない」の語は，中立国がただ自国領域の敵対的利用を終了させる義務を有することを意味し，事前の防止義務までは含まない．自国のネットワークを通過するパケットの敵対的性格を判断するのは，実際上は困難である．

規則153（違反に対する紛争当事者による反応）　中立国が自国領域における交戦権の行使を終了させなかった場合には，紛争の被害当事者は当該行動に対抗するのに必要な措置（サイバー行動によるものを含む）をとることができる．

本規則はすべての義務に対してではなく，紛争の被害当事者に悪影響を与える中立違反についてのみ適用する．例えば，一方交戦国が中立国のサイバー・インフラに対してサービス妨害攻撃を行った場合，他方の交戦国はそれによって軍事的利益を得ないため，本規則の下でサービス妨害攻撃を終了させる権利は他方交戦国に付与されない．この攻撃への対応は，専ら中立国に留保される．

本規則を適用するためには，第1に当該中立違反が深刻でなければならない．換言すれば，違反した交戦国は，この違反によって重要な軍事的利益を得ていなければならない．例えば，下士官の電子メール・アカウントを不正利用する能力を構築するだけでは本規則は適用されない．他方，一方交戦国が，武力紛争による自国のサイバー能力減退を打開するため，中立国のサイバー・インフラを使って敵に対するサイバー攻撃を行った場合は，本規則が適用される．第2の条件は，中立国領域内の交戦権行使が紛争の被害当事者の安全を即座に脅かし，並びに中立国領域内でとる措置について実行可能な，及び時宜を得た他の選択肢が存在しないことである．例えば，交戦国Aが中立国領域内のサーバーを利用して交戦国Bに対するサイバー攻撃を行ったためBは中立国に通知し，Aによるサーバー利用を阻止するよう要求した．ところが中立国は時宜を得た方法でこの利用を終了させなかった．このときBは合法的に中立国サーバーの機能を破壊するためのサイバー攻撃を開始することができる．

規則154（中立と安全保障理事会の行動）　国家は，国連憲章第7章の下で安全保障理事会によって決定される防止措置又は強制措置と両立しない行動（サイバー行動を含む）を正当化するために，中立法に依拠することができない．

本規則は国連憲章103条に由来する．本規則は，安全保障理事会が平和の破壊，侵略，及び平和に対する脅威に対して対応する際に適用する．

例えば交戦国Aが平和の破壊に従事したことを安全保障理事会が決定した場合，この状況は国際武力紛争に該当する．Aは，敵国の民生サイバー・インフラに対して非常に破壊的な攻撃を行っており，安全保障理事会はすべての国連加盟国に対してこの攻撃を終了させるためにサイバー資源及び能力を動員することを授権する決議を採択した．この決議に従って行動する国家は，たとえ中立国であっても中立法上の義務に違反したことにならない．

〈著　者〉

中谷和弘（なかたに・かずひろ）

東京大学大学院法学政治学研究科教授

河野桂子（こうの・けいこ）

コペンハーゲン大学政治学部研究員

黒﨑将広（くろさき・まさひろ）

防衛大学校総合安全保障研究科教授

サイバー攻撃の国際法

―タリン・マニュアル2.0の解説―

【増補版】

2018（平成30）年4月1日　第1版第1刷発行
2023（令和5）年5月30日　増補版第1刷発行

著　者　中谷和弘　河野桂子　黒﨑将広
発行者　今井　貴
発行所　株式会社 信山社

〒113-0033 東京都文京区本郷6-2-9-102
Tel 03-3818-1019 Fax 03-3818-0344
info@shinzansha.co.jp

笠間才木支店 〒309-1611 茨城県笠間市笠間515-3
Tel0296-71-9081 Fax0296-71-9082
出版契約№ 6839-3-02011 Printed in Japan

印刷・製本／亜細亜印刷・渋谷文泉閣
ISBN978-4-7972-6839-3 C3332 ¥2000E 分類 329.402-a011 国際法
6839-02011：p184 012-010-005